Velfærd i udvikling

Perspektiver ved offentlig-privat samarbejde

Erkendelser fra OPS-Scenen

Folkemødet 2018

Steen Houmark

Velfærd i Udvikling

Perspektiver ved offentlig-privat samarbejde

"Der er det du ved, så er der det du ikke ved
og endelig er der det du ikke ved, at du ikke ved"

Frit efter Donald Rumsfeld

Af same forfatter:

Overlev som patient, 1995 – Borgens Forlag
Sidste port til skyggelandet – 2008 – Book on Demand
Den Kommunale Bermudatrekant – 2017 – Book on Demand

Partnerne bag OPS-Scenen på Folkemødet 2018:
Mediehuset Den Offentlige, CBS Public-Private, DLA-Piper,
EG, Hartmanns A/S, Lindskov Communication,
Fonden Mariehjemmene, SAS-Institute A/S
De 4 Vinde ApS

Redaktion De 4 Vinde ApS
Produceret af: De 4 Vinde ApS, Denmark. www.de4vinde.net
Forlag: Books on Demand GmbH, København, Danmark
Tryk: BoD – Books on Demand, Norderstedt, Tyskland.

ISBN 9788743003212

Indhold

Forord

I slutningen af 2017 inviterede Mediehuset DenOffentlige en række aktører til et nyt initiativ for offentligt-privat samarbejde. Intentionen var fra begyndelsen at skabe en ny arena, der kunne tilføre værdi i samarbejdet mellem offentlig og privat sektor, og vejen frem skulle være Folkemødet 2018 i Allinge på Bornholm.

Folkemødet giver gode rammer for at gøre noget anderledes. Med afsæt i en ny scene for Offentligt-Privat Samarbejde, udviklede aktørerne scenen med undertegnede som projektleder. Det blev i løbet af kort tid til et partnerskab mellem CBS, Hartmanns, DLA Piper, Mariehjemmene, EG, SAS Institute A/S, Lindskov Communications, Mediehuset DenOffentlige og De 4 Vinde ApS mhp. at skabe Danmarks første scene for Offentligt-Privat-Samarbejde (OPS) på Folkemødet.

Ideen til den rapport, du sidder med, opstod tidligt i partnergruppens indledende processer. OPS-Scenen skulle bidrage med mere end debat i fire dage på Folkemødet. Der skulle ligesom være noget konkret, "for eksempel en slags Hvidbog af findings", som en partner udtrykte det.
Det har været berigende og en fornøjelse at samle, strukturere og skrive denne "Hvidbog" med input og bidrag fra partnerne og andre mhp at skabe indsigt og overblik i processer, analyser, konklusioner og erkendelser fra projektet og ikke mindst debatterne på Folkemødet.

"I Ividbogen" er opbygget så den meget travle læser kan nøjes med at læse indledning og resumé, hvor hovedkonklusioner og anbefalinger præsenteres.

Endelig en stor tak for et fantastisk udfordrende samarbejde med alle aktørerne omkring OPS-Scenen 2018.
Med ønsket om et nyt kapitel for OPS lægger jeg "Hvidbogens" erkendelser og resultater frem til debat. Jeg håber vi med Hvidbogen - helt i Folkemødets ånd - kan skabe en ny, konstruktiv ramme for mere offentligt-privat samarbejde.

God fornøjelse   Steen Houmark

Indledning

1. Indledning

Det økonomiske bagtæppe for offentlig-privat samarbejde (OPS) er, at de samlede offentlige udgifter udgør godt 1.100 milliarder kroner[1] og heraf sendes godt 300 milliarder kroner tilbage til virksomhederne i så vel den private som civilsamfundssektoren i form af offentlige indkøb.[2]

Følger du med i medierne, kan det synes som om, at relationen mellem den offentlig sektor og virksomhederne bliver stadigt vanskeligere. De senere års alvorlige problemer med det nogen kalder en konkursbølge på ældreområdet, overbetalingen af privathospitaler og senest debatten om private bosteder på socialområdet kan skabe et indtryk af, at den ene part udnytter den anden. Dykker du ned i lov- og regelkompleksiteten på så vel de faglige områder som udbudsområdet kan man hurtigt konstatere, hvorfor det er vanskeligt for aktørerne at skabe løsninger sammen uden at perspektivrige udbudsrelationer ender i konflikt.

Omvendt viser talrige eksempler og projekter, at samarbejdet mellem offentlig og privat skaber værdi, innovation og begejstring, når det lykkes. En fødestue på et hospital, et nyt moderne plejecenter i Kolding, og en svømmehal på Frederiksberg, fortæller historier om succesfulde samarbejder, der lykkes. Nogle af vores største virksomheder inden for teknisk velfærd - Novo, ISS, Coloplast, Rambøll og Falck, er blevet store internationale spillere på ryggen af deres succes i Danmark, hvor den danske velfærdsmodel og den offentlige sektor på forskellig vis har sikret stabilitet, udvikling og velfungerende infrastruktur både helt banalt i form af veje og digitalisering og abstrakt i form af et velfungerende samfund.

---

[1] Danmarks Statistik – De offentlige finanser
[2] Moderniseringsstyrelsen

På trods af en ofte ideologisk præget debat om det offentligt-private samarbejde, er der inde i orkanens øje også udpræget enighed om, at alle sektorer er hinandens forudsætninger. Den offentlige sektor har ingen egen finansiering og udfordres for lidt, hvis ikke den er i konkurrence med såvel den privat sektor som civilsamfundssektoren, der begge, med hver deres fortegn, skaber vækst, udvikling og skattefinansiering af samfundet. Den private sektor er, ligesom virksomhederne i civilsamfundet, afhængig af, at den danske velfærdsmodel fungerer effektivt, så de og deres ansatte kan arbejde under optimale rammer. Det var i denne kompleksitet, at OPS-Scenen tog sit afsæt og omdrejningspunkt.

1.1 Hvad er OPS?

Da ni for hinanden relativt ukendte partnere på kort tid skulle planlægge et folkemøde-program, opstod der hurtigt en række drøftelser om forståelsen af OPS. Forståelserne var ofte farvet af hvor man befandt sig i feltet, og hvilke erfaringer man havde med sig. Det førte til mange drøftelser og til sidst et blogindlæg[3], med en kort definition af OPS-begrebet. Begrebet foldes ud neden for, så du har et billede af hvilket OPS-syn der lå til grund for projektledelsen af OPS-Scenen.

OPS er et nichespeciale i det samlede danske samfund, men samtidig en bred betegnelse for offentligt-privat samarbejde - altså alle de tilfælde, hvor det offentlige samarbejder med virksomheder i den private eller i civilsamfundssektoren. Det vil sige, at OPS spænder bredt fra it, rådgivning, transport, byggeri, fødevarer, sundhed og privathospitaler til ældrepleje. Herudover skal man holde tungen lige i munden, for begrebet OPS er lidt bredere end det. OPS er et markedsområde, som ikke alene handler om køb og salg mellem offentlige og private parter, men også om hvordan man agerer i dette marked. Vi har altså nogle forpligtigelser som implicit følger med vores rolle som OPS-aktør, hvad enten vi eksempelvis er politiker, embedsmand, indkøber, sælger, konkurrent, arbejdsgiver, rådgiver, organisationsinteressent eller investor. Så snart vi går ind i et offentligt-privat-samarbejde er markedsdynamikken anderledes kompleks end i en ren business to business relation, fordi vi i OPS-land skal navigere på en anden måde i forhold til en række faktorer. Eksempelvis det jeg tidligere har beskrevet som Den Kommunale Bermudatrekant[4], hvor kompleksiteten af multiple bundlinjer vanskeliggør navigation for så vel borger, politiker, embedsmand som leverandør

---

[3] Hvad pokker er OPS, af Steen Houmark juni 2018
[4] Den Kommunale Bermudatrekant s 19 > af Steen Houmark. Udgivet 2017

1.2 Resume

Visionen om det danske velfærdssamfund blev skabt efter 2. Verdenskrig. Op gennem 60-erne og 70-erne udlevede det danske samfund virkeligheden med den offentlige sektor som lokomotiv, men allerede i begyndelsen af 80-erne begynder man at tale modernisering af den offentlige sektor. Man importere tankegods fra den private sektor som grundlag for moderniseringen. Hvert årti har siden haft sin egen udgave af et moderniseringsprogram, hvor den offentlige sektor er blevet presset i en eller flere bestemte retninger. Senest Løkke-regeringens sammenhængsreform, der skal afbureaukratisere og give mere frihed, tillid og tryghed[5].

Den offentlige sektor spiller en hovedrolle, men den kan ikke klare sig alene

Danmark står i dag med nogle centrale udfordringer af vores velfærd, hvad enten den er teknisk eller blød. Vi kan uden at blinke regne med, at vi vil opleve en øget efterspørgsel på velfærd samtidigt med, at hænder og økonomi vil være utilstrækkelige, hvis vi fortsætter af det nuværende spor. Det betyder, at vi skal tænke innovativt og udover de vanlige metoder og ideologier, når vi skal prioritere fremtidens velfærd.

Der er ingen tvivl om, at den offentlige sektor spiller en hovedrolle i dansk velfærd, men den kan ikke klare sig alene. Som en deltager på Folkemødet udtrykte det, "vi er nu i en situation, hvor der skal arbejdes på tværs og hvor sektorerne skal berige hinanden".

Med udgangspunkt i at ingen sektor kan løse samfundets problemer alene og iagttagelserne af en relativ stillestående og forudsigelig interaktion mellem de tre sektorer, etablerede Mediehuset DenOffentlige sammen med 8 partnere en særlig scene for OPS på Folkemødet 2018.

Mangel på fremdrift og ideologiske sektorkamp var afsæt for OPS-scenen

Det offentligt-private samarbejde lider grundlæggende under mangel på fremdrift

---

[5] Sammenhængsreformen – Publikation fra Finansministeriet sept. 2018

og kontinuitet. Vi har en offentlig debat, der er blevet en konstant kamp om egen sektors berettigelse, hvilket på ingen måde løser de udfordringer samfundet står overfor.

Hæver man sig op i helikopterplan vil man kunne iagttage tre centrale karakteristika som går igen og igen i den offentlige debat op OPS

1. Offentlige myndigheder der er frustrerede når private virksomheder ikke performer
2. Virksomheder i den private sektor og civilsamfundet, der står i startboksen og brænder for at udvikle, vækste og medvirke til skattefinansiering af velfærd, men som ikke trænger igennem
3. Interesseorganisationer iført ideologiske rustninger frem for en samskabende tilgang

Det var iagttagelser som dette der var afsæt for OPS-Scenen 2018.

Partnerne ønskede at tage fra folkemødet med noget der gav mening fremadrettet

Folkemødet er blevet døbt "Djøfstortion". En kompleks festival, hvor de gængse samfundsmæssige hierarkier er erstattet af en enorm fragmentering og samtidig gensidig interaktionel afhængighed. Det betyder at den usikkerhed det medfører, skal håndteres af en projektledelse med indsigt i de temaer en folkemødescene opstiller og den komplekse arena som Folkemødet udgør, hvis man vil have mere ud af folkemødet end fire dage i et telt.

Partnerne satte sig derfor en række mål, bl.a. at de ville tage fra Folkemødet med nogle fremadrettede perspektiver, der holdt længere end lyden af champagnepropperne fra kendte skåltaler.

Evalueringen af projektet og partnernes refleksioner (se fx 3.18) viser, at parterne, hver på deres måde opnåede dette mål i forhold til egen virksomhed.

OPS-scenen blev tilrettelagt som en før, under og efter proces

OPS-Scenen adskilte sig fra mange af Folkemødets tilbud ved, at partnerne bag OPS-Scenen havde forpligtet sig til tre fortløbende processer; en *før, under og efter* proces. Hvor processerne før og under ligesom giver sig selv (se kapitel 3), ville processen efter handle om en præsentation og debat af hvilke "findings" der kom ud af folkemødet. Den bog du holder i hånden, indeholder forslag til samfundsmål og indsatser for velfærd med mere OPS og præsenteres ved en minikonference på CBS i september 2018.

Projektledelsen forsøgte at få teori ind i projektpraksis

Folkemødets komplekse netværks set-up med ni partnere der ikke tidligere havde indgået i et fælles netværk, kombineret med diversiteten ift. problemdefinitioner og vidensopfattelse af OPS, medvirkede til at projektledelsen tidligt inddrog to støtteteoretiske elementer. Dels et markedsvurderingsværktøj (bilag 1) mhp. at forstå de enkelte partneres forståelse af eget marked, dels Joop Koppenjan og Erik Hans Klijn`s tilgang til håndtering af usikkerhedselementer i netværk[6]

Seks arbejdsarenaer og et tværgående kit skulle skabe synergi

Projektledelsen planlagde seks arbejdsarenaer og medvirkede til at etablere et tværgående kit, med bl.a. en blå bog over partnernes OPS-kompetencer, der illustrere, at de kompetencemæssigt dækkede det man kan beskrive som hele OPS-feltet. Herudover blev der nedsat en styregruppe og fortløbende udsendt nyhedsbreve mhp at øge den tværgående synergieffekt og facilitering mellem arbejdsarenaerne individuelt og på fællesniveau.

OPS-Scenen blev besøgt af over 600 med OPS-interesse på tre dage

OPS-Scenen afviklede 15 programpunkter med individuelle debatter under hovedtemaet "OPS – velfærd i udvikling". Paneldeltagerne var rimelig fordelt mellem den offentlige, den private og civilsamfundssektoren. Der var en overvægt af direktører, partnere og top-fag-specialister fra virksomheder, interesse- og uddannelsesorganisationer. Fra den offentlige sektor kom ti embedsfolk og politikere. Kun en enkelt deltog som borger, nemlig en medstifter af et bosted i civilsamfundet. Nogle paneldeltagerne deltog under flere programpunkter.

---

[6] Koppenjan & Klein, Managing uncertainties in networks, by Routledge, 2004

Fra torsdag til lørdag blev i alt 600 personer registeret som deltagende 5 minutter inde i programmet. Sammensætningen af såvel publikum og paneldeltager understreger at OPS-Scenen havde fat i en god del af de OPS interesserede, der var tilstede på Folkemødet.

Analytiske pejlemærker giver et billede af OPS-udfordringerne

Data indsamlet før, under og efter folkemødet er blevet lagt ind i et analytisk net ud fra de pejlemærker som partnerne oprindeligt udarbejdede for deres programpunkter til folkemødet; *forståelseskløften, regler, modeller og illusionen i vores velfærd.* Analysen og diskussionen om mere OPS giver ud fra dette et godt billede af nogle af de udfordringer vi står med i Danmark (se kapitel 4)

Generelt tegner der sig en lang række temaer eller erkendelser. Langt flere end der kan opsummeres her. Virkeligheden er, at Folkemødet er en unik arena for erkendelser og mulige indsatser i forhold til OPS.

Overordnet set tegner der sig fem store udfordringer på OPS-området. Det handler om:

1. *Fravær af fælles sprog om OPS*
2. *Manglende markedsmodningsbevidsthed fra politisk og myndighedsmæssigt hold*
3. *Fravær af fælles erkendelse af markedsvilkår og god markedsskik*
4. *Lokalpolitisk sammenblanding af drift, myndighed og indkøb*
5. *Viden om OPS er spredt, uopdateret og svær tilgængelig*

På de efterfølgende sider opsummeres nogle af de mest centrale konklusioner. Til sidst oplistes 13 temaer som kan udvikle velfærd med mere OPS.

Der er behov for et fælles sprog om OPS

En af de ting der er en gennemgående iagttagelse, er behovet for et fælles sprog om OPS. Alene anvendelsen af betegnelser er et studie i sig selv, der indimellem medvirker til en babylonsk forvirring, hvor velfærdsmarkedet samlet set befinder sig i en begrebskamp, hvor interesseorganisationer kæmper for, at deres model skal blive den dominerende standard. Samtidig må det erkendes at det er umuligt at tale om ét velfærdsmarked. Virkeligheden er, at vi har at gøre med mange forskellige markeder, hvor markeds-karakteristikaene svinger over stort set hele paletten. Jf. markedskarakteristika beskrevet i bilag 1.

Man kan konstatere, at selvom aktørerne sektoruafhængigt tilkendegiver nødvendigheden af et "fælles sprog", så indeholder erkendelsen det paradoks, at reduktionen af forståelseskløften bedst sker ved anvendelse af egen model.

Der er behov for et OPS-center, hvis vi skal rykke fremad

En anden udfordring er, hvorvidt den viden vi har om OPS er opdateret og tilgængelig. Her er problemet, at viden er spredt på folk i staten, i regionerne og kommunerne samt blandet forskerne på universiteterne, konsulenterne i konsulenthusene og sidst men ikke mindst virksomhederne.

Her kan et OPS-videnscenter være en vej frem. Et OPS-kraftcenter, der desuden kan medvirke til at hæve baren i OPS-debatten og understøtte konkrete OPS-projekter i form af OPS-faglige indsatser. Fx udviklingen af en B2G og G2B skole, da der helt tydeligt er et behov for at parterne forstår hinanden bedre.

Der er behov for et fælles charter for virksomhedsdrift af velfærd

Ethvert samarbejde har en dør, som du skal ind ad som samarbejdspartnere. Til de fleste døre findes der en eller flere nøgler. På folkemødet blev det tydeligt, at en af de centrale nøgler for mere OPS er økonomi. Særligt hvordan ejerne, hvad enten de er offentlige, private eller forankrede i civilsamfundssektoren, forvalter den økonomi de kommer i besiddelse af ved leverance af velfærdsservices.

Der er ganske enkelt behov for at man i fællesskab på tværs af den danske models parter får udarbejdet et charter for god virksomhedsdrift. Det er meget tydeligt at hvis man kan sænke de ideologiske parader, så vil vi lettere kunne gå ind i et fælles værksted og udarbejde et charter, som nøglen til velfærd med mere OPS.

13 temaer fordelt på samfundsmål og konkrete indsatser

For nærmere indsigt i disse henvises til Kapitel 4 og 5

Samfundsmål	Konkrete indsatser
1. Fælles sprog om OPS 2. Øget markedsmodningsbevidsthed 3. Reducere nulfejlskulturen 4. Reducere "wicked problems" i lov og organisationsapparatet. 5. Interesseorganisationer m.fl. sænker de ideologiske parader og arbejder fremad om velfærd med OPS 6. Prioriterings- og forventningsdebat mellem borger og stat om velfærd.	7. Oprettelse af et neutralt OPS-Center 8. Oprettelse af en B2G og G2B skole 9. Kortlægning af pipeline for nationale OPP-projekter 10. Oprettelse af OPS-inkubator for samfundsrettede projekter 11. Udvikling og implementering af standarder for udbud 12. Redesign af kommunale driftsvirksomheder 13. Udvikling af et charter for god virksomhedsdrift af velfærd

Projektbeskrivelse

2. Projektbeskrivelse

OPS-Scenen adskiller sig fra mange af Folkemødets tilbud ved at partnerne bag OPS-Scenen havde forpligtet sig til tre fortløbende processer en *før, under og efter* proces.

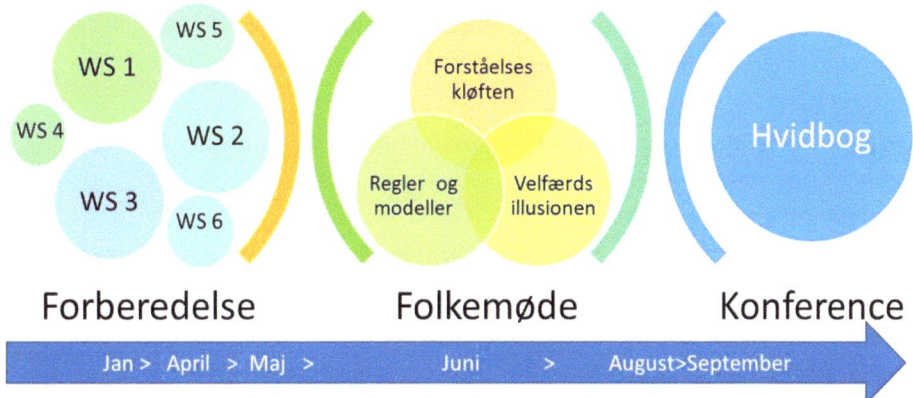

De tre processer er illustreret i figuren ovenfor. Tankesættet hos initiativtagerne var, at man ville et niveau op ift. viden og et skridt væk fra markeds- og gøgler perspektivet. Det vil sige, man skulle lære noget af alle tre processer, og Folkemødet sluttede ikke brat som en anden festival på en varm søndag i juni. Sigtet var, at man under Folkemødet indsamlede data mhp. at skrive en "Hvidbog" om iagttagelser inden for OPS-Feltet som kunne pege i retning af, løsninger og perspektiver.

2.1 Bagtæppet for OPS

Schlüter regeringens moderniseringsprogram i 80-erne var startskuddet for at skiftende regeringer efterfølgende forsøgte at implementere alle mulige modeller i den offentlige sektor på basis af tankegods fra den private sektor. Hvad enten fokus har været NPM, lean, mål- og resultatstyring, privatisering eller konkurrenceudsættelse. Hvert årti har siden haft sin egen udgave af et moderniseringsprogram, hvor den offentlige sektor skal presses i en eller flere bestemte retninger, hvad enten det i 0-erne var Fogh-regerings strategi for offentligt private partnerskaber [7] eller Lykke-regeringens seneste civilsamfundsstrategi i 2017[8]. Denne type håndgreb kan man have mange meninger om, men et kan man sige: Bevidstheden om sektorernes gensidige afhængighed er blevet stadigt større.

I forsøgene på at tilføre den offentlige sektor tankegods og merværdi fra andre sektorer har såvel regeringer, interesseorganisationer som virksomheder lanceret en bølge forskellige initiativer i kølvandet på diverse moderniseringer. Vi fik et udbudsråd der blev til Rådet for Offentligt Privat Samarbejde (ROPS) som siden blev nedlagt. Offentligt Privat Partnerskab (OPP) blev af både regeringer og fonde italesat som det nye sort i fornyelsen af dansk infrastruktur, men de store gevinster er stadig fugle på taget. Offentlig Privat Innovation (OPI) blev med det EU-støttede projekt OPI-Lab drevet frem med metoder og nye værktøjer, men da projektmidlerne ophørte, svandt interessen samtidig.

Hver gang et nyt initiativ dukker op, samles interesserne der, hvorefter et regeringsskifte eller ophør af offentlige tilskud lukker initiativet eller flytter fokus. Man kan i det perspektiv med rimelighed tale om en kompleks og næsten ustyrlig zigzag-kurs på OPS-området.

Det offentligt private samarbejde lider grundlæggende under mangel på kontinuitet, og vi har en offentlig debat, der er blevet en konstant kamp om egen

---

[7] Anders Fogh Rasmussens tale ved DI''s årsdag den 26. september 2006
[8] Regeringens civilsamfundsstrategi 2017

sektors berettigelse, hvilket på ingen måde løser de udfordringer samfundet står overfor.

Dansk velfærd fastholdt i et udviklingslaboratorium

Hopper man lidt ud af den almindelige debat om OPS, kan man i et overordnet perspektiv stille spørgsmålet: Hvad har velfærds-Danmark til fælles med Silicon Valley?

Fakta er, at begge områder har været, investerings- og innovationsvugger for staten.

I USA har det amerikanske forsvar postet milliarder i teknologiske eksperimenter hos private virksomheder. Resultatet har bl.a. været en enorm vækst blandt entreprenante virksomheder i Sillicon Vally. Det vi kender som teknologiens innovations-vugge.

Ud over de efterspurgte forsvarsprodukter har investeringen givet USA en øget systemeksport for milliarder ift. de biprodukter, som er kommet i kølvandet af den amerikanske stats forsvarseventyr; fx. smartphones, sociale medier m.v.

Ser vi på Danmark, så har vi skabt en unik velfærdsmodel i kraft af statens milliardinvestering i udvikling af velfærdsydelser; fx hjemmepleje, plejehjem, børnehaver m.v., men investeringen har indtil nu levet et relativt indkapslet liv, og har ikke resulteret i tilsvarende spin off for staten som i Silicon Valley.

Vores centrale velfærdsudfordringer kan ikke løses i enkelt sektors optik

Danmark står med nogle centrale udfordringer i form af en stigende ældrebefolkning[9] [10]og en alt for lav stigning i arbejdsstyrken i den arbejdsduelige alder. Det betyder, at vi de kommende år vil opleve en øget efterspørgsel på velfærd samtidigt med, at antallet af hænder til at levere den vil være utilstrækkelig. Det betyder, alt andet lige og næsten uanset hvilken anden typer af

---

[9] Antallet af ældre borgere vokser markant – Indlæg på www.vive.dk
[10] Befolkningsudvikling og gennemsnitsindkomster i kommunerne. Notat VIVE 2017

udfordringer samfundet kommer til at stå over for, at vi skal tænke innovativt og udover de metoder, ideologier og sektortilhørsforhold der præger os i dag.

Det danske samfund er opbygget omkring tre sektorer, som på mange måde lever relativt adskilt. Den offentlige, den private og civilsamfundssektoren. Hver sektor har sit eget karakteristika, som kort gennemgås i det følgende.

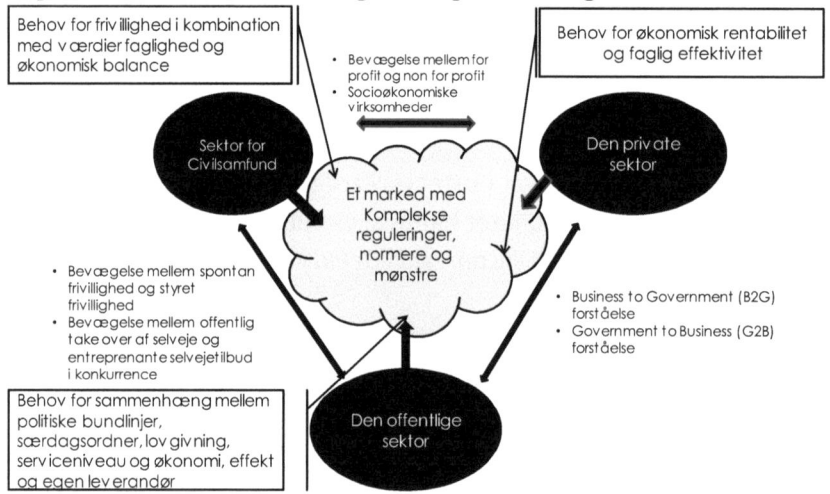

Figuren skitserer det bagtæppe og sektorsamspil vi opererer i, når vi taler OPS og velfærd.

Den offentlige sektor spiller en hovedrolle i dansk velfærd

I den offentlige sektor sigter man gennemgående på at opnå balance mellem service, økonomi og politik. En slags økonomisk nulsumsspil, hvor eksempelvis den kommunale service helst ikke skal koste hverken mere eller mindre end budgetteret. Men hvad sker der, når en eller flere af faktorerne ændrer sig? Hvad sker der eksempelvis, hvis borgernes skattegrundlag falder, samtidigt med at efterspørgslen og retskravsfølelsen ift. serviceydelser stiger, herunder forventningerne om stadig bedre service?

Meget ofte sker der det, at ledelse og medarbejdere kommer i uvejr i den kommunale bermudatrekant[11], fordi de ikke har mulighed for at navigere under de givne forhold.

Det fører til spørgsmålet om, hvorvidt den offentlige sektor kan klare fremtidens udfordringer alene, eller om den i højre grad skal benytte sig af de kompetencer de to andre sektorer er i besiddelse af?

Virksomhederne i civilsamfundssektoren. - Et værn mod afspecialiseringen

Ser vi på Civilsamfundssektoren så består den bl.a. af velfærdsvirksomheder, der har en not-for-profit-profil. Det vil sige, at de langt hen ad vejen sigter efter værdimæssige bundlinjer; fagligt og ideologisk, og hvor det økonomiske overskud ligger tæt på 0 kr. Der er ofte tale om specialistvirksomheder, der har overlevet kommunernes invasive dominans af velfærdsområdet[12], fordi kommunerne ikke selv har formået at overtage eller opretholde ekspertisen[13]. Der er samtidig tale om virksomheder, der ved at have en "halvoffentlig profil" formår at navigere ift. de utallige divergerende bundlinjer, der eksempelvis præger kommunerne[14]. Virksomhederne i civilsamfundet baserer desuden deres virke på en høj grad af frivillighed, hvad enten det er på bestyrelsesniveau eller praktiske velfærdsaktiviteter, der skaber værdi tæt på borgeren. En frivillighed der af antropolog og forfatter Ulla Habermann svare til 100.000 fuldtidsstillinger. [15] [16] Spørgsmålet bliver her, hvordan disse virksomheder kan bidrage til en tredje vej af velfærd, baseret på frivillighed, faglighed og rettidig velfærdsproduktion, og hvor overskud indgår i genereringen af nye velfærdsløsninger og systemeksport?

---

[11] Den Kommunale Bermudatrekant af Steen Houmark, udgivet 2017
[12] Der var velfærd før velfærdsstaten. Henrik Gade, kronik i Information 12.01.2012
[13] Afspecialisering stadig et åbent sår på socialområdet. Af Søren Elkrog. Altinget 2016
[14] Alt er vigtigt: Over 100 strategier i en kommune. Indlæg på www.denoffentlige.dk af Kommunaldirektør Claus Thykjær, 2016
[15] Kan civilsamfund redde velfærden. Information, 5 marts 2012
[16] "En postmoderne helgen – om motiver til frivillighed" af Ulla Habermann, Museum Tusculanums Forlag 2001

Virksomheder i den private sektor har flere bundlinjer end den økonomiske

Der har de seneste tyve år været en gevaldig vækst i private, kommercielle velfærdsvirksomheder. Lov om frit valg på det kommunale ældreområde og behandlingsgarantien i sygehusvæsnet er eksempler på, hvordan centralmagten rent regulativt har forsøgt at stimulere væksten blandt private velfærdsvirksomheder.

Privatsektorvirksomheder bliver ofte karikeret som profitmagere, hvor jagten på nye forretningsmuligheder med plus på en enkel bundlinje, øget afkast og egenkapital er drivkraften, men dette billede bliver stadig mere nuanceret. Mange virksomheder markedsfører sig i dag med stærke sociale profiler[17], hvilket står i modsætning til den gængse opfattelse hos aktører i såvel den offentlige sektor som civilsamfundssektoren, om at private, kommercielle virksomheder alene er drevet af profithensyn.

Spørgsmålet er, hvordan forbedres de private virksomheders evne til at navigere med de kompleksitets- og kompetencekrav, der er forbundet med leverance af velfærdsydelser til det offentlige, så vi kan understøtte det vækst- og systemeksportpotentiale, som flere taler om?[18]

Offentligt-privat samarbejde - en nøgle til fortsat velfærd

Hvis antagelsen er, at ingen sektor kan løse samfundets problemer alene bliver det naturlige fokus, at samarbejde på tværs mellem de tre sektorers aktører er nødvendigt for at skabe drivkræfter, effektivisering, vækst og udvikling af løsningsmodeller.

En af udfordringerne er, hvis man i helikopterplan iagttager debatten om OPS, så fremstår tre centrale karakteristika som går igen og igen.

1. Offentlige myndigheder der er frustreres når private virksomheder ikke performer i samarbejdet om velfærd

---

[17] Socialt ansvar er godt for forretningen. Indlæg af Cabi på CSR.dk d.18.09.2017
[18] Eksperter: Stort potentiale i sundheds- og velfærdseksport. Berlingske Business, 08.2013

2. Virksomheder i den private sektor og civilsamfundet, der står i startboksen og brænder for at udvikle, vækste og medvirke til skattefinansiering af velfærd, men som ikke trænger igennem
3. Interesseorganisationer iført ideologiske rustninger, frem for en samskabende tilgang

Det var bl.a med baggrund i de foregående beskrivelser og iagttagelsen af en relativ stillestående og forudsigelig interaktion mellem de tre sektorer, at Mediehuset DenOffentlige, med Steen Houmark som projektleder, ønskede at skabe en særlig scene på Folkemødet for OPS.

2.2 Formålet med OPS-Scenen – Et anderledes sigte med folkemødet

OPS-Scenen var ikke et afprøvet og fastlagt koncept, da partnerne startede op i foråret 2018. Tilfælles havde partnerne det, at alle ville noget mere ift. offentligt-privat-samarbejde end de fire dage på Folkemødet. *De ville tage fra Folkemødet med nogle fremadrettede perspektiver,* der holdt længere end lyden af champagnepropperne fra kendte skåltaler.

Folkemødets OPS-Scene skulle derfor, hvor det var muligt, gøre op med den envejskommunikation. Politikerne og andre aktører i OPS-feltet skulle ikke inviteres, hvor vi alene var deres mikrofonholdere, så de som vanligt kunne sætte sig på debatten om OPS med fastlåste ideologiske og allerede kendte holdninger. De skulle i reel debat. Det vil sige ind i en arena af reflekteret usikkerhed, hvor vi ud over de kendte meninger også fik lejlighed til fælles idegenerering og indsigtsfuld forståelse af publikum.

Offentlig-privat-samarbejde skulle perspektiveres i lyset af velfærd. Vi ville skabe en scene, der alene fokuserede på offentlig-privat-samarbejde og de velfærdsmæssige udfordringer vi står med. Virkeligheden på de forudgående folkemøder var nemlig, at mange organisationer og meningsdannere har blandet OPS ind i alle mulige dagsordner, så perspektiverne ved OPS let druknede.

OPS-Scenen skulle adskille sig fra de fleste af Folkemødets tilbud, ved at partnerne bag OPS-Scenen deltog i tre fortløbende processer - *før, under og efter.*

OPS-Scenen var ikke et på forhånd afprøvet og fastlåst koncept med kun én løsning, men derimod med flere emergerende løsninger med en bred ramme, hvor projektledelsen og partnerne arbejdede på at gribe tingene anderledes an.

OPS-Scenens partnere ville bl.a. reducere den type spin, hvor aktørerne på skift får afleveret et præfabrikeret hurtigt budskab for derefter at tage tilbage til København. For hvad er det for et bidrag den type af budskaber yder til ideen om Folkemødet og forståelsen af OPS?

26

2.3 Formålet med hvidbogen

Med udgangspunkt i at der kan være en tendens til at folkemødearenaerne har udviklet sig til en ny form for talerstol, hvor der leveres i 1000-vis af budskaber med en ringe grad af efterfølgende outcome, er formålet med hvidbogen to ting.

1. En illustration af udvalgte findings fra Folkemødet, samt argumenterede perspektiver, potentialer og nye rammer for fremtidens OPS.
2. En illustration af potentialet ved at gennemføre et folkemødeprojekt, når man arbejder systematisk i en før, under og efter proces.

2.4 Antagelse og metodisk tilgang

Det nationale bagtæppe for OPS-Scenen er, som beskrevet tidligere, en mangetydig fortolkning af OPS-begrebet, hvad enten de enkelte har rod i den offentlige, private eller civilsamfundssektoren. Ofte ses og forstås kun egen sektors ønsker, mens andres misforstås eller overses. Dette til trods for over 3 årtiers indsats fra regeringsside mht. at påvirke og strømline forståelsen med regulative, normative, kognitive eller økonomiske metoder.

Folkemødet byder grundlæggende på en unik mulighed for, at folk kan mødes på nye vilkår. Et stort antal af arenaer, med mulighed for at skabe forstyrrelse og usikkerhed ift. fastlåste meninger og antagelser. Det har fra starten været vigtigt for partnerne og projektledelsen, at vi skulle udnytte Folkemødets særlige potentiale, og ikke bare kopiere politik, som det foregår til hverdag på borgen, i kommunalbestyrelsen og andre etablerede arenaer.

En af de problemer man kunne iagttage i foråret 2018, var at flere og flere begyndte at omtale Folkemødet som "Djøfstortion"[19]. Altså en kompleks festival, hvor de gængse samfundsmæssige hierarkier er erstattet af en enorm fragmentering, men samtidig har gensidig interaktionel afhængighed. Det signalerer en udfordring for grundpræmisserne på Folkemødet om usikkerhed og forstyrrelse. Det vil sige Folkemødet er efter den 7-8 sæsoner ved at udvikle sig til en kendt og kortlagt arena for embedsmænd, spindoktore og lobbyister. Det satte nogle særlige krav ift. projektledelsens ageren strategisk og praktisk såvel før som under Folkemødet.

Hertil kommer at OPS-feltet er en niche-specialitet på Folkemødet, hvor der i nichen findes multiple oplevelser og forståelser af begrebet OPS, om markederne er modne, om man må tjene penge på velfærd osv. osv.

Det var i dette centrum af kompleksitet at OPS-Scenen skulle forberede og afvikle sine folkemødeprogramdele mhp. at indsamle såkaldte OPS-findings. I håb om at

---

[19] Sådan får du mest ud af Djøfstortion – af Selina Juul – Altinget 11 juni 2018

kunne skabe tematiserede resultater, der kan give afsæt til et videre og anderledes arbejde med OPS.

Teoretiske støttepunkter for projektledelsen

Man kan diskutere om en rapport af denne slags overhoved skulle have en teoridel. Hvilken mening giver det for en rapport, som lidt flot gang på gang er blevet kaldt en hvidbog, når partnerkredsen har mødtes?

Den kan jo på ingen måde sammenlignes med et speciale ved en længerevarende uddannelse. Alligevel har kompleksiteten i OPS-feltet, beskrevet forud, partnernes forskellige afsæt osv., bevirket, at projektledelsen tidligt fandt gavn af to støtteteorier i arbejdet med OPS-Scenen. Disse få holdepunkter, som kort er gengivet her, medvirkede til at skabe klarhed, systematik og forståelse for projektledelsen i arbejdet.

De to teoretiske støttepunkter er:
1. Andrew J. Hoffmans tanker om institutionel udvikling og forandring[20]
2. Joop Koppenjan og Erik Hans Klijn`s tilgang til håndtering af usikkerheds elementer i netværk[21]

Et værktøj til projektledelsens forståelse af partnere og aktørers markedsoplevelse

Steen Houmark udarbejdede i 2009 et vurderingsværktøj[22] mhp. vurdering af velfærdsmarkeders modenhed. Værktøjet tager afsæt i en model opstillet af Andrew J Hofmann på basis af konkrete iagttagelser af markedsudviklinger, hvor man ved at se på regulative, normative og kognitive aspekter ved et marked, kan anskueliggøre et markeds modenhed fra ikke-marked til marked. (Se bilag 1 for nærmere forståelse af modellen)

---

[20] Andrew J. Hoffman, "Institutional Evolution and Change: Enviromentalism and the U.S. Chemical Industry", Academy of Management Journal 1999

[21] Koppenjan & Klein, Managing uncertainties in netvorks, by Routledge, 2004

[22] Eksplorativ pilotundersøgelse af ældreområdet som marked for velfærdsydelser. MBA-TMO Masterafhandling ved CBS, 2009 af Steen Houmark

Metoden blev anvendt af projektledelsen, når denne skulle forstå de enkelte partneres afsæt og forståelse af eget marked. Jf. i øvrigt den OPS-faglige spændvidde, som fremkom under udarbejdelsen af den blå bog, (se afsnit 3.1.), hvor det blev meget tydeligt, at partnerne kom med forskellige erfaringer og dermed også forskellige præferencer for, hvor velfærdsmarked var.

Et teoretisk inspirationsgrundlag for projektledelsens procesafvikling
Koppenjan og Klijns udgangspunkt er, at vi lever i et netværkssamfund, hvor horisontale netværk erstatter hierarkier, med stigende fragmentering og gensidig afhængighed til følge. Deres afsæt er, at usikkerhed er en helt grundlæggende præmis for ledelse af større processer. En usikkerhed der imidlertid skal håndteres og styres; eksempelvis via en arenaopdeling. Netværksperspektivet giver i denne sammenhæng en forståelse for, hvordan strategien for og ledelsen af OPS-Scenen før og under Folkemødet blev muliggjort.

Koppenjan og Klijn anskuer problemfelter, som eksempelvis OPS-feltet, som værende "wicked" i styringsteoretisk forstand både i en national og lokal optik. Nationalt er der ikke enighed om, hvori problemet består, eller hvordan det skal løses. Lokalt forholder det sig på samme måde, og kompleksitetsniveauet øges af, at der lovgivningsmæssigt sættes barrierer op for samspil og koordinering på tværs af forskellige myndigheder og aktører, samtidigt med at lokale forhold som valg af organisering, procedurer, regler m.v. i sig selv udgør en del af problemstillingen. Det forhold, at der ændres i lovgivningen på et område mhp. at fjerne én barriere, har typisk som spin-off, at der blot opstår nye barrierer. Problemet er tværgående, og kan ikke løses af en aktør alene.

Koppenjan og Klijns netværksperspektiv er et holistisk perspektiv, der er normativt i den forstand, at de præsenterer en række håndteringsstrategier, uden dog at give præcise anvisninger på hvilke strategier, der skal anvendes hvornår. Deres perspektiv åbner op for dialog og refleksion som både matcher folkemødets ide, men også det behov som partnerne iagttog forud for folkemødet.

Dataindsamling

3. Dataindsamling

Dataindsamlingen adskiller sig fra andre rapporter ved at udgøre en stor del af "Hvidbogen". Meningen med dette er at give læseren en tættere kronologisk beskrivelse af særligt processerne før og under folkemødet. På den led kan kapitlet medvirke til dels en dybere indsigt i hvad der skete på OPS-Scenen end det man får via analyser og konklusion, dels illustrere hvorledes man kan afvikle et folkemødeprojekt.

3.1. Processerne før folkemødet - Forarbejdet

Projektledelsen observerede ved begyndelsen af projektet, at diversiteten blandt partnerne gav varierende/divergerende problemdefinitioner og vidensopfattelse ift OPS, dét at skulle deltage på Folkemødet osv. Løsningsforslag i en ende af rummet gav sig jævnligt udslag i nye spørgsmål/problemer, fordi der nogle gange var uenighed om problemet i sig selv, hvilket korresponderede godt med Koppenjan og Klijn´s tanker om bl.a. wicked problems

Projektledelsen lagde derfor i begyndelsen af 2018 en plan for afvikling af en række tematiserede arbejdsarenaer (Workshops), hvor partnerne omkring OPS-Scenen kunne mødes mhp at konkretisere problemtyper, opstille hypoteser for interdependens og usikkerhedsfaktorer i OPS-feltet, samt forberede Folkemødet.

1. **Plan og perspektiver**

   Hvad er ideen, hvilke muligheder ser vi?

   Her blev partnerne anbragt i en etableringsarena, hvor de skitserede det nye netværk, ideer, aktiviteter og perspektivet ift et folkemødeprojekt. Her arbejdede man bl.a. med initiativtagernes grundide for OPS-Scenen, herunder konkretiseredes at det skulle være mere end fire dage på Folkemødet – en før-, under- og efterproces

2. **Mønstre og pejlemærker**

   Hvilke trends ser vi inden for OPS som er interessante?

Ved at anbringe partnerne i arenaer af observation og refleksion over hvilke mønstre og trends der fra deres position prægede OPS-feltet, udarbejdede partnerne tre pejlemærker under overskriften velfærd i udvikling.

1) Forståelseskløften 2) Regler og Modeller og 3) Velfærdsillusionen

3. **Præsentation og gensidigsparring**

Facilitering af projekt med stor partnerdiversitet og varierende synergi-ønsker.

I denne workshop præsenterede partnerne status for egne og fælles programpunkter inden for de tre pejlemærker Programpunkterne blev gennemgående udviklet af partnerne, alene, på tværs og virtuelt i koordination med projektledelsen, hvis opgave det bl.a. var at sikre programfokus inden for rammen af de tre OPS-pejlemærker. Samlet set blev det til 16 programpunkter inklusiv et Kick Off for OPS-Scenen. 8 af programpunkterne blev udviklet på tværs af partnerne.

4. **Projektindpiskning og deadlines**

Taktisk indsats ift. med de usikkerhedsmomenter der forbundet med succes på Folkemødet.

Her mødtes partnerne i en arena med fokus på leverance af færdige programbeskrivelser op mod en deadline, hvor man vidste, hvad man kunne gennemføre, og samtidigt havde et taktisk sigte på dét man ønskede gennemført i en folkemødevirkelighed, hvor *der er ting man ikke ved at man ikke ved vil ske.*

5. **Markedsføring**

Hvilke arenaer definerer og udmønter vi vores markedsføringsstrategi på?

Her arbejdede partnerne med taktisk fokus på, hvorledes man via indlæg på DenOffentlige, sociale medier (#OPS_ScenenFM18) kunne præge forskellige arenaer af politisk og faglig væsentlighed - for dels den samlede OPS-Scene men også for de enkelte programpunkter.

I alt udgav partnerne på OPS-Scenen (25) blogindlæg/artikler og 100-vis af tweets op til Folkemødet, der skabte synlighed i form af henvendelser til projektledelsen om scenen og de enkelte OPS-Temaer.

Herudover producerede hver partner sin egen let tilgængelige video, som blev brugt på bl.a. LinkedIn.

Det vil sige OPS-Scenens partnere skabte ud fra deres markedsførings arena øget interesse for OPS - en nichespecialitet på Folkemødet.

6. **Fire it up - Ready to go**
   Sidste afpudsning, afstemning og fokusering.
   Det sidste arenamøde for partnerne havde fokus på de projektmæssige detaljer og det fællesskab, der havde udviklet sig på tværs.

Virtuelle koblingspunkter som kit mellem arbejdsarenaerne

Udover de seks arbejdsarenaer etablerede projektledelsen et tværgående kit, bestående af en blå bog, en styregruppe og fortløbende nyhedsbreve. Dette mhp at øge den tværgående synergieffekt, fremdrift og faciliteringen mellem arenaerne individuelt og i på fællesniveau. Dette således at eksempelvis dilemmaer og udfordringer forbundet med partner diversitet, varierende synergi-ønsker, egne mål contra kollektivets med Folkemødet osv. kunne håndteres til gavn for det fælles sigte med OPS-scenen.

"Blå-bogen" over de ni partneres kompetencer ift OPS-området blev udarbejdet mellem de første arbejdsarenaer, hvilket skabte et overblik på tværs, som kunne anvendes af partnerne, når de uden for arbejdsarenaerne arbejdede med deres programpunkter. Blå-bogen illustrerede samtidig partnernes styrkeposition på spillepladen for OPS, og bekræftede at partnerne i fællesskab stod stærkt inden for hele OPS-feltet.

Emne/erfaring fra	Staten	Regionerne	Kommunerne	Civilsamfundet	Privat Virksomhed	Kan give oplæg	Kan give sparring
Konkurrenceudsættelse	4	4	6	3	4	3	7
Deltaget i udbudsudarbejdelse	3	4	5	1	5	4	6
Deltaget i tilbudsgivning	2	3	3	3	7	5	7
Deltaget i OPP samarbede	4	4	7	3	4	6	8
Deltaget i OPI samarbede	3	3	5	2	4	4	7
BUM-modeller	1	2	4	1	2	3	4
Øvrige OPS modeller	4	3	5	3	4	5	4
Udbudsloven	4	4	5	3	2	2	5
Udbudsparadigmer	3	2	4	3	3	4	4
B2G - salg til det offentlige	2	3	3	3	6	4	5
G2B - indkøb til det offentlige	3	3	3	1	3	3	3
Magtforhold Køber/sælger	5	4	4	4	5	6	6
Sprogbarriere	2	1	2	2	4	3	3
Markedsmekanismer	5	5	6	3	6	5	4
Tabu - at tjene penge på velfærd	4	4	6	4	6	5	7
Konkurser og forebyggelse af	2	2	3	3	4	4	4
Forvaltning og embedsførelse	3	3	6	2	3	4	6
Politisk sagsbehandling	4	4	4	3	5	5	7
Wicked problems	2	2	4	2	4	4	3
Mediering i konflikter	2	2	4	2	3	2	4
Kommunikation/lobbyisme	3	2	3	2	4	3	5
Miljø og teknik områderne	2	2	4	1	3	3	4
It	4	4	5	2	4	4	5
Infrastruktur	4	4	4	3	5	4	5
Byggeri	4	4	5	3	4	5	5
Økonomi	2	3	5	1	3	1	3
Demografi	1	1	2	1	1	2	2
Arbejdsmarkedsområdet	2	2	3	1	3	3	4
Social og ældreområdet	2	5	6	4	5	5	6
Sundhedsområdet	2	4	5	3	3	4	3
Børneområdet	1	2	3	2	2	3	3
Psykiatriområdet	3	3	3	4	2	2	3
Ledelse - og ledelsesmodeller	4	5	6	5	8	5	8
Styring - styringsmodeller fx NPM	2	2	3	2	3	3	4
Innovation - disruption	2	3	4	4	7	5	6

I figuren kan du se spændvidden af OPS-kompetencerne blandt de ni partnere. Det udtræk du ser her, er et genereret overblik, men hver af partnerne havde et afsnit, således at de i arbejdet med de enkelte programpunkter kunne se, hvem de internt kunne trække på. Konkret deltog hver partner i imellem 2-4 af de 15 programpunkter.

Styregruppemøder, projektadministration, planlægning og facilitering af telt er typer af opgaveløsning, der ofte havner i baggrunden, når man omtaler projekter og deres outcome. Men virkeligheden er, at projekter ikke performer særligt godt uden disse elementer. Alene arbejdet med at få 16 programpunkter lagt ind på Folkemødets portal tager en krig, for slet ikke at tale om justeringerne og sikringen af at teltet har de nødvendige elementer, som fx fælles banner med logo der kan smykke baggrunden, stole, borde, højtalere, mikrofoner, køleskab og blomster osv. Ud over et utal af koordinerende telefonsamtaler blev der afholdt fire praksisorienterede styregruppemøder. Styregruppen bestod foruden projektledelsen, af repræsentanter fra Mediehuset DenOffentlige og Hartmanns A/S

Nyhedsbreve skulle medvirke til at binde den løst koblede projektorganisering sammen. Når ni virksomheder sætter sig sammen om en "tre dages konference med 16 programpunkter" uden øvrige organisatoriske forbindelser, er det nødvendigt med en vis form for lim ud over arbejdsarenaer, mails og telefonisk projektledelse. Derfor blev der udgiver seks nyhedsbreve op til Folkemødet, der skulle gøre det lettere for partnerne at hitte rundt i, hvad der var status, hvad næste skridt var osv.

3.2 Generelt om processerne under folkemødet - de 15 debatter -

OPS-Scenen afviklede 15 programpunkter med individuelle debatter og drøftelser under hovedtemaet "OPS – velfærd i udvikling" – Hertil kom et Kick Off arrangement af netværksmæssig karakter.

Fra torsdag til lørdag optalte vi i alt 598 personer som enten sad eller deltog 5 minutter inde i et event, eksklusivt partnerne. Der var helt sikkert flere, Folkemødet er jo et rum, hvor mennesker diffunderer ind og ud af teltene. Pointen er, at optællingen foregik ensartet og på samme tidspunkt ift. programstart.

En del af tiltrækningskraften på Folkemødet er de inviterede paneldeltagere, og her havde vi ikke mange med kendis effekt ift. det brede Danmark. Selina Juul, Lisbeth Zornig og Lars Tvede repræsenterede hver på deres vis dette element, men dog relateret til offentlig-privat samarbejde.

Generelt kan man sige, at paneldeltagerne var rimeligt fordelt mellem den offentlige, den private og civilsamfundssektoren. I forhold til kompetenceniveauet havde paneldeltagerne en overvægt af direktører, partnere og top-fag-specialister (32) fra den private og civilsamfundssektoren. Fra den offentlige sektor kom fire embedsfolk og seks politikere, herudover havde vi to topfolk fra centrale faglige organisationer. Kun en enkelt person deltog i funktionen borger, nemlig en moder til en handicappet, der havde medvirket til stiftelsen af et bosted i civilsamfundet.

I de næste 15 afsnit vil du kunne læse udtræk med highlights fra de enkelte programpunkter, og her få en oplevelse og dataindsigt ift., hvad det var for emner vi berørte på OPS-Scenen. Der er ikke tale om et referat, men et mindre spejl af de enkelte programbeskrivelser, forfatterens og partnernes noter, billeder, lydfiler og kommentarer på de sociale medier.

3.3 Data og sundhed – Et reality check!

Programpunktet tog udgangspunkt i et reality check og en diskussion om, hvor langt vi er kommet i brugen af data i sundhedssektoren. Hvordan vi kan frisætte det potentiale, der er i at udnytte data, herunder hvordan skaber vi den nødvendige offentlig-private innovation, så vores sundhedssystem også fremover kan leve op til borgernes forventninger om kvalitet og sammenhæng

Punktet var arrangeret af SAS-Institute og Faciliteret af direktør Lars Kirdan

Programpunktet fungerede rigtigt godt, ikke mindst fordi sammensætningen af panelet virkede dynamisk og SAS-Institute formåede at skabe et aktivt telt Bl.a. udtalte en kroniker i teltet: *"Jeg kunne godt tænke mig, at dem der behandler mig, kan gribe ind, når jeg har brug for det, og ikke skal efterspørge data igen og igen, når vi ved de er der"*

> **Paneldeltagerne var:**
>
> Dorte Stigaard, Innovationsdirektør, Ålborg Universitet, Henrik Langberg, Direktør, Copenhagen Healthtech Cluster, Hjalte Aaberg, Regionsdirektør, Region Hovedstaden, Tobias Bøggild-Damkvist, CEO & Founder, ROTO Health ApS

Der var en bred enighed i panelet om at det danske sundhedsvæsens data er enestående, men vi skal bruge det langt mere aktivt og tværgående i dag, for at øge borgernes mulighed for at leve et god liv. Vi har data, vi har teknologi, men den menneskelige faktor, jura, samt vores forestillinger om, hvad der er teknisk muligt, er baseret på en samtid, der bygger på en fortid, hvor tingene ikke gik så hurtigt. Som en deltager udtrykte det *"alle skal vænne sig til, at Status quo ikke er en mulighed. Der er fagligt et klart ønske om at få udviklingen, berigelsen og anvendelsen af data op i gear ud fra en antagelse om, at Data anvendt rigtigt redder liv."*

Tre mulige løsninger i fremtiden

Der blev i debatten nævnt flere modeller, herunder tre løsningstiltag

1. Et data-landkort
   a. Vi mangler et landsdækkende meta-katalog over data, så overblik kan skabes og lette forskere og behandlere i arbejdet
2. Dataindgang
   a. En let tilgængelig system-indgang til diverse registeret, men ikke nødvendigvis automatisk adgang for alle
3. Data-sand-boxes
   a. En mulighed hvor man eksempelvis forskningsmæssigt, med de rette tilladelser kan kombinere data på tværs af små og store registre

Disse tiltag vil kunne give mulighed for bedre og mere skræddersyet behandling af den enkelte, udvikling af nye løsninger i et bedre samarbejde mellem offentlige og private aktører, samt endelig tiltrækning af udenlandske aktører mhp at gøre Danmark til hjemland for mere forskning og udvikling.

3.4 Er der en ny åbning for OPP-markedet i Danmark?

Dette punkt tog udgangspunkt i at skiftende regeringer har lovet udbredelse af offentlig-private partnerskaber for store danske infrastrukturprojekter, men til dato har vi misset 10 muligheder.

Blandt aktuelle OPP-infrastrukturprojekter har vi: Nye S-tog i hovedstaden, en ny letbane ved København, en ny havnetunnel og en evt. ny Kattegatforbindelse.

Punktet var arrangeret af CBS Public-Private og her stillede man bl.a. skarpt på en række spørgsmål:

Hvad skal der til for at få et velfungerende OPP-marked, som borgerne, politikerne og virksomhederne kan få glæde af?

Vi havde sat et panel med stor viden om OPP og store infrastrukturprojekter i Danmark.

Paneldeltagerne var:
Christina D Tvarnø, Professor, CBS - Public-Private, Carsten Greve, Professor, CBS - Public-Private. Marius Møller, Direktør, Pension Danmark, Jakob Scharff, Branchedirektør for offentlig-privat DI.

Fra dansk industri satte Jacob Scharff tingene på spidsen ved at sige *"at grunden til at vi ikke lykkedes og eksempelvis har en national OPP-politik skyldes et alt for blødsødent Finansministerium, der ikke formår at sætte en bunsenbrænder under ministerier og andre offentlige udbydere, så de mærker varmen og får gang i hjulene"* Det tog i nogen grad pusten fra Moderator og journalist Jakob Fulgsang, som nok mente at have hørt fra velfærdsministerierne at regnedrengene i "Finansen" ikke kom lige fra søndagsskolen.

Vi kan få mere ud af OPP-projekterne – tre håndgribelige forslag

Der var bred enighed om, at vi kunne få mere ud af OPP-projekterne, særligt hvis vi tog det lange sigte på. Der findes private investorer, herunder de danske pensionskasser, som er interesserede i at investere mere i infrastruktur som hospitaler og skoler. *"Hvordan kan pensionskasser og andre kan bidrage til at udbygge infrastrukturen?",* spurgte Carsten Greve.

En af udfordringerne i Danmark på infrastrukturområdet er, at beslutningen om ny infrastruktur er delt ud på mange aktører i staten, regionerne og kommunerne.

En iagttagelse blandt debattørerne var, at der kunne være te potentiale i at nogle af OPP-feltets aktører kunne gå sammen og

> *"Vi har brug for en OPP-enhed som i Canada, skabt af det private med offentligt medansvar…. men dermed ikke sagt at vi har brug for mere lovgivning. Det der skal til, er en ændring i mindsæt"* Citat Professor Christina Tvarnø.

koordinere en samlet indsats for infrastrukturen i Danmark, f.eks. i form af en infrastrukturplan. En anden udfordring er, hvorvidt den viden vi har om OPP og OPS mere bredt set er opdateret og tilgængelig. Viden er nemlig spredt på folk i staten, i regionerne og kommunerne samt blandt forskerne på universiteterne

> *En udfordring er også, hvis vi i Danmark kun låser os fast på bestemte modeller. Her kan en bredere diskussion om, hvilken standard vi ønsker på vores infrastruktur. Nogle gange er det en OPP-model, der er bedst, mens det andre gange måske er en statslig eller en fælles kommunal løsning.* Citat Professor Carsten Greve

og konsulenterne i konsulenthusene. Her kan et OPP/OPS-videnscenter være en vej frem, på pegede Carsten Greve.

PartnershipsBC i British Columbia blev nævnt som et godt eksempel på et OPP- kraftcenter, der både sætter OPP på dagsordenen, og som driver OPP-projekter fremad.

Et gennemgående budskab fra OPS-teltet var, at det kræver analyse og systematisk viden om de hidtidige erfaringer før nye infrastrukturprojekter kan sættes i gang.

OPP er særligt ressourcekrævende, og i den sammenhæng kom panelet med 3 håndgribelige forslag[23]:

1) *En OPP-enhed*, hvor man på tværs af offentlige myndigheder og privat know how genererede viden og analysekraft ift. konkrete projekter.
2) *En pipeline for potentielle projekter*, hvor man politisk definerer satsninger på potentialer nationalt og lokalt.
3) *OPP-uddannelser* som henvender sig til et bredt sæt af offentlige og private OPP-aktører og er mere end blot en juridisk opdatering.

Dette mhp at undgå at eksempelvis kommunerne fremadrettet fortsætter med at opfinde den dybe tallerken i hver kommune, men i stedet samlet satse på et OPS-center økosystem af eksperter, værktøjer og undervisningsmuligheder, som kan aktiveres, når opgaver prioriteres fra pipelinen.

---

[23] "FM'18 debat viste retning: Tre konkrete forslag til at lykkes med OPP" Blog af Sara Ølgaard på www.denoffentlige.dk

3.5 Danmark i balance med bæredygtig udvikling

By- og boligmassens sammensætning er med byggeriets rammevilkår af afgørende betydning for et Danmark i balance, lokale fællesskaber og sammenhængskraft i samfundet. Øget befolkningstal og større urbanisering kalder på hurtige, enkle og bæredygtige løsninger til levedygtige byer med velfungerende infrastruktur og gode rammer. Et væsentligt element i den sociale bæredygtighed er, at der er et varieret udbud af boliger, der passer til forskellige borgeres forskellige behov.: Boliger med forskellige ejerformer, størrelser, beliggenhed og priser.

Skal almene boliger være de eneste billige boliger?

Punktet var arrangeret af Lindskov Communications. Her havde man fokus på en række centrale spørgsmål af konkret OPS-karakter. Eksempelvis: Hvordan kan samarbejdet

Paneldeltagerne var:
Hans-Bo Hyldig, Adm. direktør, FB Gruppen A/S, Jens Mølbak, Landinspektør, Bo Jørgensen, Direktør, Boligselskabet Sjælland, Mette Qvist, Direktør, Green Building Council, Jakob Næsager, Medlem af Københavns Borgerrepræsentation, Det Konservative Folkeparti og endelig Henning Sørensen, Medlem af Roskilde Byråd, Socialdemokraterne

mellem politikere, planlæggere, projektudviklere og borgere skabe en mere bæredygtlg byudvlkllng, der afhjælper og ikke forstærker sociale udfordringer? Eller, hvordan kan byggeri og marked være med til at modvirke ghettodannelser? Og endelig, hvordan boligpolitik som alternativ til udligningsordninger kan skabe et Danmark i balance m social bæredygtig byudvikling?

Debatten blev faciliteret af Lars Lindskov, og det var der behov for. Meningerne var mange leveret i en fri, god og jovial tone, der rykkede ved fordomme blandt deltagerne. Især da nogle af bolig-, bygge- og anlægsbranchens førende aktører, sammen med politikere og Green Building Council, stillede hinanden spørgsmål som: Skal almene boliger være de eneste billige boliger? Eller Hvordan byudvikler vi, så mangfoldighed får plads i byrummet?

Debatten skabte efterfølgende interesse for et videre arbejde på tværs

Sammensætningen af panelet medførte denne stærke og nuanceret debat med markante indspark. Paneldebatten har efterfølgende skabt mulighed for dialog samt interesse for at arbejde videre på tværs af sektorer og aktører. Hvilket indfrier formålet med programpunktet for så vel Lindskov Communication, som OPS-Scenen

3.6 Hvem spænder ben for innovationen af fremtidens velfærd?

Danmark kan blive velfærdens Silicon Valley, men den lille/mindre velfærds-iværksætters virkelighed er desværre ofte begrænset af System-Danmark, hvad enten det er non-for-profit eller et kommercielt sigte. Vækstmulighederne begrænses typisk af fire forhold:

1) Formalia,
2) Indgroede djøfiserede ritualer
3) Faglige organisationers ideologiske modstand
4) Risikovillighed i den offentlige sektors innovations- og indkøbscentre.

Nye metoder og værktøjer indføres ekstremt langsomt i den offentlige sektor ift hvor hurtigt de. Så hvordan matcher vi bedst muligt den udfordring, når vi ved at samfundet har en eksponentiel teknologisk udvikling, en faldende arbejdsstyrke og en stigende efterspørgsel på frivillighed og velfærdsydelser?

Dette programpunkt var arrangeret af De 4 vinde ApS og DLA-Piper med Konsulenterne Sara Øllgaard og Steen Houmark som facilitatorer.

Punktet og havde fokus på innovation af fremtidens velfærd med sigte på små og mellemstore virksomheders bidrag. I den sammenhæng havde vi inviteret syv stemmer, fra civilsamfund, privat sektor og den offentlige sektor. Programpunktet havde ikke til formål at gentage kendte holdninger ift - offentlige versus det private – hvor begge parter forsøger at råbe hinanden op – men at de samme skulle udpege nogle udfordringer, løsningsmuligheder og potentialer.

> **De inviterede paneldeltagere var:**
> Thit Aaris-Høeg, Direktør, Fonden for Socialt Ansvar, Stine Helles, Programchef, INSP, Susanne Westhausen, Adm. Direktør, Kooperationen, Henrik Rasmussen, Formand for væksthushovedstaden og borgmester i Vallensbæk, Vallensbæk Kommune, Bjørn Wennerwald, Healthcare Innovator, Wavecare, Allan Westh, Centerchef, Bornholms Regionskommune.

For at kridte banen ekstra op, havde arrangørerne lagt forskellige typer af reb ud, som hver paneldeltager skulle relatere sig til og svare på, hvad de oplever spænder ben for, at nye innovative løsninger kan få fodfæste på et offentligt marked. Et marked, hvor det offentlige Danmark er kæmpevirksomheder i forhold til det private Danmark, der hovedsageligt består af SMV'er. Derfor var spørgsmålet: Hvordan kan man give SMV'erne de bedste udfoldelsesmuligheder på et offentligt marked, hvor selv den mindste "indkøber" er en gigant?

De private snubler over uklarheden
Noget af det de private snubler over er uklarheden om: Hvilken retning der skal løbes i? Hvor målet står? Hvordan skaffe sig indsigt i de offentlige udfordringer og

strategier? Man taler ligefrem om at det offentlige er en "Black Box" Forklarede programchef Stine Helles. [24]

Nye løsninger på tværs af forvaltninger er umulige at koordinere for mindre virksomheder
Samarbejdet kompliceres yderligere, hvis den private aktør kommer med en ny type løsning, der dækker behov og løser udfordringer, der går på der går tværs af kommunens forvaltninger og pengekasser.

---

[24] Hvordan spiller vi hinanden gode. Videoklip fra You-tube

> *"De private skal tænke i hvad kommunerne har brug for, frem for et forelske sig i ideer vi endnu ikke kan anvende"* Citat: Allan Westh Centerchef Bornholmsregions kommune

Her er der behov for, at kommunerne står for koordinationen på tværs. Ellers dør samarbejdet på den private side i møder med det offentlige, hvor man taler om det samme, blot til flere forvaltninger.

Kommuner og virksomheder skal kende hinandens forhold bedre

Virksomhederne og kommuner skal forberede sig bedre på den bane de sammen skal spille på. Det er nemlig ikke kun virksomhederne, der har behov for at kende til forholdene på den anden side af bordet. Forestillingerne om hvad de private kan, og hvorfor det offentlige gør som det gør, skal afstemmes før og under et samarbejde, så man ikke går skævt af hinanden.[25]

> **Vi skal spille hinanden gode**
> *"Vi har et fælles ansvar og er gensidigt afhængige af hinanden. Derfor er vi nødt til at stå sammen og se vores velfærdsudfordringer som én fælles opgave. Det kan vi som kommune understøtte ved at nedbryde vores kassetænkning og se de private parter som medspillere og spille hinanden gode."* Citat. Borgmester, Henrik Rasmussen.

---

[25] "Det kan offentlig privat samarbejde lære af VM i fodbold" Blogindlæg af Sara Øllgaard på www.denoffentlige.dk

3.7 Velfærdens 3. vej - civilsamfundet løfter velfærd

Non-profitsektoren er forankret i civilsamfundet og virksomhederne her betragtes af mange som en størrelse mindre end en armslængde fra den offentlige

myndighed.

Men der er forskel, endda stor forskel, både ift de offentlige og de kommercielle aktører på velfærdsmarkedet. Det var denne forskel og potentialet heri, som Fonden Mariehjemmene der var arrangør af punktet, ønskede at give indblik i.

For hvordan kan non-profit-virksomheder sikre ordentlige tilbud, med udgangspunkt i borgernes behov i en situation, hvor kommunernes økonomi er stram og servicestandarderne varierer voldsomt fra kommune til kommune? [26]

Hvordan adskiller Non-profitsektoren sig?

Den offentlige sektor fokuserer på struktur, mens non-profitsektoren fokuserer på brugernes livskvalitet. Non-profitsektoren træffer ikke beslutninger via flere ledelseslag og fordyrende silo- eller profittænkning.

Paneldeltagerne var:

Joy Mogensen, Borgmester i Roskilde og formand for KL`s Socialudvalg, Pia Holm, Stifter af Bofællesskabet Cecilie Marie i Hvalsø, Ib Poulsen, Næstformand i Landsforeningen LEV, Bo Kristiansen, Direktør, Mariehjemmene, Claus Thykjær, Kommunaldirektør, Greve Kommune

---

[26] "Non-Profitvirksomheder løfter velfærd" blogindlæg af Bo Kristiansen juni 2018 www.denoffentlige.dk

"Jo større organisationer er, jo mere udvikler de deres egen logik …. På den led bindes institutionernes logik op på den organisation de er en del af," var synspunktet fra Joy Mogensen.

Forskellighederne mellem den private, den offentlige og civilsamfundssektoren blev vendt og drejet under ledelse af moderator journalist Jakob Fulgsang. Det var tydeligt at kommunerne, som Joy Mogensen udtrykte det, *"var ved at genopdage civilsamfundet",* men der var nogle udfordringer ved borgerens frie valg af bolig. For godt nok kan non-profitsektoren bygge tilpassede boliger til samfundets udsatte, men kommunerne har en forpligtigelse til at sikre forsyningen og med kommunernes pressede økonomi, betyder det, at de ikke har råd til at "egne tilbud" står med for mange ledige pladser.[27]

Intens drøftelse af borgerens frie valg:
"der er ikke tale om reelt frit valg fordi vi (kommunerne) ikke har midlerne til det …. Vi kan ikke holde kommunale pladser ledige som en buffer med mindre I (skatteyderne) vil betale mere i skat", udtalte Joy Mogensen

"Det kan lyde bureaukratisk, men vi har på den ene side det bureaukratisk nødvendige, og så det menneskeligt ønskelige fra civilsamfund og borger" sagde Claus Thykjær og udtrykte derved dilemmaet mellem det man kunne ønske sig af service fra kommunen, og det kommunen så har råd til.

---

[27] "Joy Mogensen om sociale tilbud: Der er ikke valgfrihed" Blogindlæg af Marie Lundby på www.denoffentlige.dk

Med værdier som pejlemærker for fremtidens velfærd

Med udgangspunkt i et rollespil illustrerede medarbejdere fra Mariehjemmene, hvordan non-profitsektoren tænker i medmenneskelige værdier og frem for

den silotænkning, der binder kommunerne og de stadig større krav til profitmaksimering, der tynger den private sektor.

Non-profitsektoren har rum for ildsjæle og kan skræddersy tilbud

Civilsamfundet har et særligt rum til ildsjæle med kort vej fra tanke til handling. Pia Holm fortalte, hvordan hun som mor og frivillig ildsjæl i samarbejde med Mariehjemmene har været en af drivkræfterne bag et nyt botilbud for 20 unge mennesker med funktionsnedsættelser i Hvalsø. Et skræddersyet tilbud og en fagligt udfordrende og værdibåret arbejdsplads. *"Det er et eksempel på at vi tilpasser det til brugernes behov", ikke omvendt*, sagde Bo Kristiansen og forsatte *"Vi kan realisere retninger kommunerne ikke kan pga. politisk uenighed"*

Fremtidens ildsjæle er alt andet end hattedamer

Uden de frivillige ildsjæle går det ikke, hvilket debatten også viste. Men de ildsjæle, vi ser idag lægger afstand til det fordomsfyldte "hattedame-image" Ligesom Pia Holm, udgøres de af kompetente, karrierebevidste og målrettede personer, som i kraft af deres kompetencer, forstår at matche kommunernes store organisationer og ledelseslag i dialogen om, hvad der er borgerens behov. Kun fremtiden vil vise hvad det vil betyde for det offentlige-private samarbejde mellem eksempelvis kommuner og civilsamfundsvirksomheder. Vil kommunerne se civilsamfundets virksomheder som en samarbejdspartner og et alternativ, således som Bo Kristiansen udtrykte det?

Tre perspektiver på hvad man kan forbedre?

Paneldeltagerne afsluttede debatten med at give deres bud på, hvad der var behov for, at man bliver bedre til, og der blev det tydeligt, at der i debatten havde været tre meget stærke perspektiver.

Kommunesiden (Claus Thykjær og Joy Mogensen) ønskede et styrket og inspireret samarbejde med de selvejende bosteder.

Virksomhedssiden (Bo Kristiansen og Ib Poulsen) mente at der var behov for flere selvejende institutioner så man kunne løbe lidt længere på literen mht service og pleje i en økonomisk trængt tid.

Pårørendesiden (Pia Holm) pointerede at der var behov for et øget fokus på inddragelse af pårørende.

3.8 Velfærd reddes af robotter og algoritmer – ikke flere penge

Velfærdssamfundet, som vi har kendt det, er i knæ bl.a. på grund af stadigt flere borgere på overførselsindkomster og flere ældre - men løsningen findes måske lige foran os: At realisere det offentliges digitale potentiale eksempelvis ved at slippe de kloge algoritmer og de effektive softwarerobotter løs. Værktøjerne til automatisering og predictive datamining fungerer, og omsorgsrobotterne er allerede sat i arbejde.[28]

Det offentlige halter bagefter det potentielt mulige

Med udgangspunkt i at meget tyder på at digitaliseringen af det offentlige halter bagud, satte EG`s Administrerende direktør Mikkel Bardram debatten i gang hos et veloplagt panel bestående af repræsentanter, der dækkede alle tre sektorer.

"Det offentlige har brug for en velfungerende privat sektor for at løfte fremtidens velfærdsopgaver. Derfor tager EG medansvar for at optimere og udvikle den offentlige sektor, så den kan bevare sin førerposition som en af Europas mest effektive og digitale offentlige sektorer." Sådan indledte Johnny Iversen debatten om betydningen af digitalisering af det offentlige.

> **Deltagerkredsen var:**
> Jane Jegind, Rådmand, Odense Kommune, Adam Wolf, Adm. direktør, Danske Regioner, Bo Kristiansen, Direktør, Mariehjemmene, Johnny Iversen, Divisionsdirektør, EG Citizen Solutions.

Hvem og hvad er baggrunden for at det offentlige halter bagefter?

Men når vi nu allerede har et tæt samarbejde mellem det offentlige og de private IT-leverandører, hvorfor opleves det så som om at man halter bagefter?

---

[28] "For os er OPS en logisk nødvendighed". Blogindlæg af Johnny Iversen på www.denoffentlige.dk

Er det politikernes uvidenhed eller borgernes frygt, der er den største barriere for indfrielsen af det offentliges digitale potentiale? Eller er problemet et helt tredje?

Det offentlige, og det offentliges investeringer på det her felt, opleves som konservative ligesom lovene. IT-arkitekturen og rammevilkårene,

> *"Der er ingen tvivl om at den offentlige sektor er presset i de her år, og den kan på ingen måde stå alene. Vi skal som it-leverandør sikre, at kommunerne it-understøtter deres forretningsområder med stærk it – derfor har de behov for samarbejde med den private sektor"*
> Citat: Johnny Iversen, Divisionsdirektør,

begrænser de private leverandørers muligheder for at levere innovative løsninger til det offentlige mange år ud i fremtiden.

Udfordringerne ligger i den eksponentielle udvikling versus mennesker og implementeringskraft En af udfordringerne ligger i eksponentialitet og offentlig virkelighed. Det vil sige, hastigheden hvormed vores teknologi eksploderer og det offentliges evne til at implementere og anvende det som hele tiden kommer på banen. "Et er jo hvad er er teknologisk muligt, men i det offentlige opererer vi med en menneskelig faktor."
Udtrykte en tilskuer.

Teknologierne afspejler ofte samfundet af i går
Jane Jegind forklarede, at det offentlige har en teknologi der i bedste tilfælde afspejler samfundet af går og i IT-branchen han man en teknologisk udvikling i overhalingsbanen, hvilket er en virkelighed både kommunerne og leverandørerne skal være opmærksomme på.

Steen Houmark @SteenHou · 15. jun
Algoritmer eller robotter en central debat på #OPS_ScenenFM18 citat: rådmand Jane Jegind. Vi har en teknologi der afspejler samfundet af i går, og en udvikling i overhalingsbanen. @adamwolfregion vi har en brænde platform vi skal prioritere @hansma67 @roholt

Komplekse kontrakter er en hindring

Det kan godt være, at der er en menneskelig og kompetencemæssig udfordring med at få implementeret nye it-løsninger, men en af de ting, der blev vendt i debatten, var den kompleksitet, der er i den kommunale/offentlige kontraktkultur. Her tilkendegav Johnny Iversen at kompleksiteten[29] i præcis kontraktkulturen medvirkede til at afholde en række innovative IT-virksomheder fra at kontakte det offentlige.

---

[29] "Digital konkurrence: Dræb ikke det frie it-marked i velfærdens navn". Blogindlæg af Johnny Iversen på www.denoffentlige.dk

3.9 Er innovationspartnerskaber det nye sort?

Den nye udbudslov åbnede muligheden for nye typer af innovationspartnerskaber mellem offentlige aktører og private virksomheder. Der skal nytænkning til for at løse fremtidens velfærdsudfordringer. Tanken med innovationspartnerskaber er at kombinere velfærdsforbedringer med udvikling af kommercielt bæredygtige løsninger. Innovationspartnerskabet er en kærkommen mulighed for effektiv innovation

Advokathuset DLA-Piper arrangerede denne debat om muligheder og udfordringer ved offentlig-private innovationspartnerskaber. Med udgangspunkt i deres erfaringer fra igangværende projekter inden for sundhed, velfærd og klimasikring udbudt af danske regioner og kommuner fik de sat fokus på:

Potentialet ved innovationspartnerskaber - Idéen om samskabelse - De private leverandørers parathed til innovationspartnerskabet - Den offentlige parts rolle/muligheder - Udfordringen omkring prissætningen af produkter, der ikke er udviklet og forudsætningerne for et godt innovationspartnerskab.[30]

> **Deltagerpanel:**
> Rikke Bastholm Clausen, Direktør, Innoba – innovationsrådgiver
> Lene Lange, Advokat og partner, DLA-Piper. Rene Offersen, Advokat og Partner, DLA Piper

Hvorved adskiller OPI sig fra OPS?

Offentlige-private innovationspartnerskaber (OPI) adskiller sig fra andre offentlig-private samarbejdsformer ved, at samarbejdet ikke er et traditionelt aftager-/leverandørforhold, der ender med levering af en kendt ydelse.

---

[30] "Hvis innovationspartnerskaber er svaret, hvad er så spørgsmålet?" Blogindlæg af Sara Øllgaard på www.denoffentlige.dk

Udvikling af psykiatriseng I OPI endte med at blive nomineret

I debatten blev der bl.a. drøftet en konkret case om udviklingen af en psykiatriseng efter en OPI-model på tværs af offentlige og private parter[31]

Der er tale om et begrænset udbud, hvor kontrakten består af både en

udviklingsproces og en efterfølgende færdiggørelse og leverance på 500 senge. Undervejs er der opstillet krav og milepæle for at sikre fremdrift og projektgennemførsel. Leverandøren har i tæt samarbejde med regionernes medarbejdere, designere og psykiatriske patienter færdigudviklet og produktionsmodnet psykiatrisengen.

Fremtidens Psykiatriseng, som den er døbt, er et eksempel på udvikling af nyt velfærdsdesign inden for det velfærdsteknologiske område som desuden er nomineret til Danish Award design [32]

"Det kan lyde simpelt, men virkeligheden er, at det er svært, og her skal vi ikke lade os slå ud af, at det er svært," konstaterede Rikke Bastholm Clausen

Ingen roser uden torne – deling af risiko er ikke så lige til

Det er jo rigtig godt med en god case, men debatten kredsede om udfordringerne. Udviklingen af Psykiatrisengen illustrerer nemlig kompleksiteten ved at udvikle på tværs af offentlige og private kompetencer. Det er her, det er nødvendigt med

---

[31] Syddansk Sundhedsinnovation

[32] Pressemeddelelse Region Hovedstaden 17. marts 2016

dialog og processer på en helt anden måde
end ved de traditionelle udbud, og det
udfordrer både private, offentlige og
brugerorganisationer. Man kan ikke få det hele
som man alene ser det fra sin egen platform.
Ikke mindst fordi velfærd fortsat handler om

> *Der er behov for at de private fx
> i regi af Dansk erhverv bliver
> opgraderet til at handle m det
> offentlige* Citat: ukendt fra salen

mennesker, og innovation af velfærdsløsninger bliver derfor mere kompleks end
innovation af mere fabriksorienterede løsninger. Til gengæld giver disse
innovationskonsortier en parallel læring og risikodeling. Og netop risikovilligheden
blev nævnt som en af udfordringerne for det offentlige, hvor nulfejlskultur kan
ramme beslutningstagerne som en boomerang, hvis projektet ikke lykkes.

**Godt råd fra Folkemødet: Stop med at købe fremtidens produkter med fortidens
udbudsformer.**

Innovative partnerskaber er en blandt flere løsninger mhp at få mere innovation
ind i den offentlige opgaveløsning. Men det går for langsomt på OPS-fronten hvor
man til dato kun kender fem projekter, der anvender innovative partnerskaber
som metode. Vi må i den sammenhæng, som en af tilhørerne sagde, stoppe med
at købe og innovere fremtidens velfærd med fortidens værktøjer.

3.10 Kan offentlige og kommercielle interesser forenes i OPS?

Kan det virkelig lade sig gøre, at private kan opføre og drifte kontorbygninger og fysiske anlæg bedre og billigere end det offentlige – eller er det bare salgsgas fra kommercielle operatører? Skal spørgsmålet om graden af offentligt privat samarbejde være ideologisk eller taler de økonomiske, miljømæssige og sociale bundlinjer for sig selv?

Lindskov Communications havde samlet en række erfarne aktører inden for facility management, valg af byggematerialer og installationer, politikere og private virksomheder til en debat om OPS, muligheder og erfaringer.

Der blev stillet skarpt på de muligheder og faldgruber, der kan være, når offentlige opgaver som fx drift af kommunale ejendomme overlades til private.

> **Paneldeltagerne var:**
> Bo Jørgensen, Direktør, Boligselskabet Sjælland. Mette Qvist, Direktør, Green Building Council. Thomas Fog, Divisionsdirektør, Coor Property Kurt Bardeleben, partner, DLA Piper Jakob Næsager, Københavns Borgerrepræsentation, Det Konservative Folkeparti. Tomas Breddam, Medlem af Roskilde Byråd, Socialdemokraterne.

Svømmehal på Frederiksberg udbudt i TCO-perspektiv

Her drøftede man bl.a. en successcase fra Frederiksberg[33] i form af en Svømmehal, der var bygget med de lange briller, som Jakob Næsager udtrykte det. Det var sket i et OPP-projekt, hvor investeringerne i begyndelsen havde været store, men netop derfor kunne det betale sig, fordi driften på den lange bane så gør det billigere.

Hvad fik kommunen så ud af at arbejde med OPP? - Jo de fik bl.a. et varmtvands- og soppebassin, ruchebaner, fitness og café, samt en besparelse på 2,5 mio. kr. årligt på driftsbudgettet.

---

[33] Barrierer for OPP ved kommuner og regioners bygge-og anlægsprojekter. Konkurrence og forbrugerstyrelsen 2013

Risikovilligheden er forsigtig i kommunerne – gør op med nulfejlskultur

Forud for byggeriet af svømmehallen havde det dog været svært at få leverandører nok til at skabe den ønskede konkurrence, men det lykkedes ved brug af en bl.a. eksterne rådgivere. Det rejste en debat om kommunernes gennemskuelighed og risikovillighed både politisk og administrativt, som satte ordstyren, journalist Peter B Rasmussen fra Børsen på arbejde.

> *"innovation kræver at man tillader fejl, for det er via vores fejl vi skaber grundlag for innovation og her skal man altså i kommunerne tillade flere fejl og ikke straks fare til sanktioner - gør op med nulfejlskulturen."* Citat Kurt Bardeleben

Vi har behov for at den private sektor kommer på skolebænken og får indsigt

Der blev der virkelig krydset klinger om mulighederne og faldgruberne ved Offentligt-Privat Samarbejde. Bl.a. udfordrede advokat Kurt Bardeleben den private sektor ved at sige *"Jer i den private sektor skal altså i skole, hvis I skal have succes med at samarbejde med det offentlige"*, og med det udtrykte han nødvendigheden af, at den private sektors aktører øger deres indsigt i det offentliges mange bundlinjer.

Behov for mindre ideologi og mere fleksibilitet, viden og effekt

Til trods for meget forskellige udgangspunkter var der enighed i panelet om, at der skal både vilje, evne og fleksibilitet til for at få OPS til at lykkes.
En af politikerne summede debatten op ift. om udfordringen var ideologi eller effekt: *"Jeg er ligeglad med, om katten er sort eller hvid - bare den kan fange mus"*

3.11 Når databeskyttelse er en luksus

Det dataetiske begreb viser sit sande ansigt, når manglende brug af data er skyld i, at de svage i vores samfund svigtes. Først dér forstår vi, hvorfor debatten om dataetik er vigtig. De der indser, at dataetik er samfundets ansvar på linje med grønt miljø og menneskerettigheder, bliver fremtidens vindere.

Med udgangspunkt i spørgsmålet: "Hvordan tager vi vare på og anvender de data vi har bedst muligt?" tog Lars Kirdan hul på debatten.

> **Paneldeltagere:**
> Lars Kirdan, Direktør for Forretningsudvikling SAS-Institute, Anders Peter Østergaard, Velfærdsdirektør, Hillerød Kommune og Bjørn Borre, Direktør, IT-branchen.

Kommunernes organisering, bureaukrati og regler hindrer anvendelse af data

Flere undersøgelser af danske kommuner viser at kun 5 % af borgerne tegner sig for 66 % af de kommunale velfærdsudgifter. [34] Det betyder, at relativt få borgere trækker på flere forvaltninger og indsatser. Kommunernes organisering er typisk sektoropdelt og dermed bliver data på borgeren ikke delt på tværs. Det giver en række udfordringer, og en af dem

> *"Vi har pligt til at tale om de dilemmaer data giver os ift. velfærd...Men dataetik debatten føre ofte til drøftelse af behovet for flere regler"* Citat Bjørn Borre

er, at der er risiko for, at den samme borger vil modtage overlappende indsatser fra forskellige forvaltninger.

De teknologiske barriere er ikke længere en udfordring

"Udfordringen er ikke teknologien, for vi har mere end vi kan bruge på det her felt", fastslog Bjørn Borre.

Debatten om at vi bliver nødt til at forstå værdien af data i en digital tidsalder, og at data er en vigtig del af de relationer og den tillid, vi har til hinanden, fik flere kommentarer fra salen. Dialog med og involvering af borgeren, som ejer af data,

---

[34] Den Kommunale Bermudatrekant, Steen Houmark, udgivet 2017

var et gennemgående omdrejningspunkt. Der var enighed om at man skulle gøre det bedre[35].

Det individuelle kontra det kollektive

Man kom langt omkring. Skulle man have en "chip" i armen så man kunne følges 100 % eller skulle man kunne sige 100 % nej til at

"Vi (kommunerne) skal uddanne os til, at vi i højere grad bruger data på tværs inden for nogle etiske rammer .. og her har vi brug for samarbejde om know how med det private" Citat. Anders Peter Østergaard

dele data. Lars Kirdan pegede i den sammenhæng på, at vi på det punkt må træffe en beslutning ift dilemmaet: Det individuelle kontra det kollektive.

Med et skævt smil foreslog en deltager, at organisationer som Kræftens Bekæmpelse frem for at sende et girokort sendte et brev med spørgsmålet: "Vil du donere dine data, mhp det kollektive perspektiv."

Vi har brug for afmystificeringen af Data-etikbegrebet så vi kan anvende potentialet fornuftigt.

Teknikken er der, men potentialet er reduceret af mystificering. Det handler i høj grad om at vi øger dialogerne mellem fagfolk i kommunerne, borgerne og fageksperter fra IT-Branchen. Afsluttede Bjørn Borre

---

[35] "Gennemsigtighed og åbenhed ved samkøring af data er vigtigt" Blogindlæg af Henrik Ernlund Pedersen på www.denoffentlige.dk

3.12 Private initiativers skyggesider

Velfærdssamfundet er under pres på alle mulige fronter, og vi efterspørger innovation og smart-tænkning ift. klima, velfærd, bureaukrati og meget andet. Ind imellem dukker der så nogle stjerner op på himlen. I fagtermer kaldes de "first-movers", og inden for de sidste ti år har vi på en række velfærdsområder haft flere "first-movers", men hvor godt går det egentlig for dem, og hvem profitere af deres indsats? Mediehuset den offentlige havde med Chefredaktør Nick Allentoft sat temaet "Private skyggesiders initiativer" på dagsorden og inviteret nogle af civilsamfundets stjerner blandt "firstmovers"

> **Paneldeltager:**
> Nick Allentoft, Redaktør, DenOffentlige.dk
> Lisbeth Zornig Andersen, Debattør og forfatter, Huset Zornig
> Selina Juul, Stifter og Bestyrelsesformand, Stop Spild Af Mad
> Peter Nørregaard, stifter af organisationen Code of Care

Det er samfundet og de mere kommercielle virksomheder der høster gevinsten af de ideer ildsjælene?

Lisbeth Zornig Andersen har sat socialt udsatte, herunder børn og unge, på den nationale dagsorden. Selina Juul har gjort kampen mod madspild til en folkesag i Danmark og udlandet. Det sidste er blevet big branding business for store supermarkedskæder. 15 mio. kr. mere på bundlinjen i 2016 for Dansk Supermarked [36]. I begge kvinders tilfælde ligger der års arbejde bag - ofte helt frivilligt - hvor de som ildsjæle har knoklet dag og nat. De er blevet offentlige personer, som alle har meninger om og forventninger til. Virkeligheden er dog, at nok er de stjerner, men Lisbeth Zoring må sove i stuen, fordi hun ikke har råd til en større lejlighed, og Selina Juul har knoklet i 8 år uden løn for hendes projekt.

---

[36] Fra mindre madspild til big business – Indlæg i Berlingske Business d18.09.2017 af Mette Lykke, CEO, Too Good To Go, og Selina Juul, stifter af Stop spild af Mad

Træd ikke ud på kanten af etablissementet

Begge bliver de inviteret til alt muligt "hype", hvor de kan fortælle om deres projekter for så at blive spist af med et par flasker vin.

Hvad har de gjort forkert, når de tilsyneladende har succes med deres indsats, men ikke formår at kunne leve blot rimeligt af den? var et af de spørgsmål som Nick Allentoft stillede.

Det afstedkom en længere respons og debat fra folk i teltet.

Peter Nørregaard, der er forretningsmand og haft succes med organisationen Code of Care, kunne ikke pege på at de to kvinder havde gjort noget forkert. Snarere tværtimod.

"Konkurrencestaten er bygget op til de store. Reglerne er til for de store. Det gør det svært for små initiativer som Selina og Lisbeth at slå igennem. ... nogen skal råbe borgen op, så det bliver lettere for de innovative initiativer. Det er ikke i orden at man bekender sig til en konkurrencestat som model for et velfærdssamfund." Citat: Christina D Tvarnø

"Ja vi har mindsket madspil med 14 ton på seks år, så det er en succes" responderede Selina Juul.

En af udfordringerne er muligvis, at man i Danmark har sværere ved at slå igennem, når man stiller sig på kanten af establishment og det kodeks der er der. Så bliver man "farlig" at investere i, mente Lisbeth Zornig.

Skalering af ildsjælsprojekter er en udfordring for Ildsjælene

En anden udfordringerne som panel og publikum enedes om var, at det ofte er svært at skalere det som startede som små innovative ildsjælsprojekter. Det vil sige, at det næsten er blevet en naturlov, at det er nogle andre, der "skummer fløden" af en succes skabt af ildsjæle.

> *"Der er en generel udfordring i forståelsen at man ikke må tjene penge som ildsjæl på det sociale område … og endelig er forskellen på os og Peter er at han har et tokammerhjerte. Et til økonomi og et til sjælen og derfor har han succes.*
> Citat Lisbeth Zornig

Der er behov for en OPS-inkubator med fokus på velfærd

Behovet for at de robuste private virksomheder og det offentlige trådte ind, og på neutral vis understøttede udvikling, fødsel og opstartsdrift af samfundsansvarlige ildsjælsprojekter, blev drøftet frem og tilbage. Som en deltager udtrykte det: "Vi har brug for en inkubator ift små ildsjælsprojekter, der kan have stor impact på samfundet. Ligesom Selinas".

Endelig påpegede Selina Juul udfordringen ved, at alle, Fonde, det Offentlige og de etablerede private kun har øje for projektperspektiverne. "De ser ikke mulighederne i drift, heller ikke i de tidlige stadier efter projektet, hvor ildsjælen åbner et nyt marked".

3.13 MeToo er mere end et # det er dit psykiske arbejdsmiljø

Me Too har sat seksuel chikane på dagsordenen og skabt fornyet fokus på kvinders ret til at gå på arbejde og uddannelse.

#MeToo blev en bevægelse, der hurtigt kom på alles læber, da den i oktober 2017 brød igennem i Hollywood med massive beskyldninger om seksuelle krænkelser i filmbranchen. Siden har den bredt sig til resten af verden, vakt debat om køn og ligestilling og er blevet kaldt for "historisk", "feministisk nybrud", men også "folkedomstol". Bevægelsen har på mange måder skabt et socialt fællesskab på tværs af nationer.

Programpunktet var arrangeret af Hartmanns A/S, og CBS-public-private.

Arrangørerne havde inviteret folk med hands-on erfaring og forskningsmæssig viden til at gå i dybden.

Debatten blev modereret af organisationskonsulent Hanne Nyström, og det var der behov for, da meninger og viden var mange, med stærke personlige indspark fra publikum.

Deltagerpanelet:
Christina D Tvarnø, Professor, CBS - Public-Private, Anne-Mette Ravn, Direktør, Hartmanns A/S, Louise Dinesen, Chefpsykolog, Hartmanns A/S, Sara Louise Muhr, Associate professor, Ph.d, CBS, Souschef Anne-Grete Houmøller, Mariehjemmene, Klaus Hansen, Direktør, Producentforeningen

Det koster op mod 20 mio. Euro at krænke folks persondata. Den højeste erstatning der er givet for seksuel chikane på arbejdsmarkedet, er på 25.000 kr. Dette kalder på en lovændring i respekt for ansattes ret til at gå på arbejde. Sanktionen for at udsætte andre for seksuel chikane på arbejdet og uddannelse i Danmark er ikke tilstrækkelig. Citat: Christina D Tvarnø, Professor

Universelle problemer som METOO er skabt til offentligt-privat-samarbejde
Filmbranchen i Danmark har været presset til at gå foran. Bl.a. har film- og scenekunstbrancen oprettet en anonym telefonlinje. Men telefonlinjer gør ikke det hele mente Christina D Tvarnø
"Sanktionen i ligebehandlingsloven bør ændres, så arbejdsgiveren er ansvarlig for krænkelsen generelt uanset hvem der er krænkeren. Arbejdsgiveren skal være ansvarlig for retten til at gå på arbejde uden risiko for seksuel chikane." Forklarede hun

"Udfordringen er ikke kun forankret i filmbranchen", forklarede Anne-Mette Ravn

"Den findes i alle virksomheder .. og vi skal arbejde med dem".

Universelle problemer som MeToo bør løses i fællesskab, hvor markedet på både den offentlige og private side deltager aktivt.
Alle parters deltagelse er nødvendig, da vi finder udfordringen i både den offentlige og private sektor.
Det drejer sig ikke alene om seksuel chikane af kvinder. Det antages at 20% af kvinderne på arbejdsmarkedet har været krænket i et MeToo-perspektiv, mens mørketallet for mænd er ukendt.

"Telefonrådgivningen blev oprettet på skulderne af METOO -bevægelsen, hvor vi samlede 19 organisationer. Det er første skridt på vejen i at stoppe krænkelser i film- og teaterbranchen, men der skal følge kulturændring i kølvandet…. Det arbejder vi så på" Citat: Klaus Hansen

3.14 Velfærdsillusionen og Det Kreative Samfund

Den danske velfærdsmodel betragtes af mange som sandet til i bureaukrati, topstyring og centralisering. Det står i vejen for nytænkning og kreativ udvikling. Lars Tvede har med bogen Det Kreative Samfund[37] vist, hvordan den vestlige civilisation er ved at sande til i bureaukrati og selvtilstrækkelighed. I år udkom Nick Allentoft med bogen Velfærdsillusionen. De to forfattere mødtes til en samtale om fremtiden for den danske velfærdsmodel. Kan den overleve?

Innovation er afgørende for en nations overlevelse

Med henvisning til Charles Murray`s bog; Human Accomplishment[38] forklarede Lars Tvede, at det har vist sig at innovation er afgørende for en civilisations overlevelse og det (Innovation) sker typisk, hvor mennesker kan handle med hinanden.

Jo mere stat, jo mere metode, jo flere regler

Det afstedkom en pingpong mellem Allentoft og Tvede om hvordan magten flyder fra det decentrale niveau i samfundet til toppen (Fra individ til politisk ledelse)

Jo mere stat, jo mere metode og jo flere regler, som til sidst er umulig at overskue for både borger og sagsbehandler.

Med et direkte spørgsmål til publikum spurgte Lars Tvede om, hvor mange sider

> "Bystater skød op langs floder og var det typiske billede på handelssteder og innovationen i oldtiden... de var markedsstyrede .... Så snart civilisationer går over til metodestyring og regler, reduceres nationens kreativitet og den eksistens trues ....Alexander den Stores samling af de græske bystater og erobringen mod øst er et godt eksempel på hvordan decentrale samfund vokser til metode og regelstyrede stater, der så går under". Citat Lars Tvede

---

[37] Det Kreative Samfund af Lars Tvede, 2015, Gyldendal

[38] Human Accomplishment: The Pursuit of Excellence in the Arts and Sciences. af Charles Murray, 2003, HarperCollins

man troede lovgivningen på arbejdsmarkedsområdet fyldte?
30.000 er det rigtige svar og den justeres konstant pga. en konstant fejloptimering/fokusering.

Velfærdssamfundet er en illusion

Individet har gennem de sidste 60 år delegeret stadigt mere og mere magt til centrale metodestyrede myndighedsfunktioner. "Og det giver de udfordringer som Lars taler om", forklarede Nick Allentoft, da han kort beskrev baggrunden for at han skrev bogen, Velfærdsillusionen. Heri beskriver han tre igangværende kriser 1) Social Krisen 2) ledelseskrisen 3) demokratikrisen som på mange måder kan ses i parallel til opløsningen af Romerriget.

> "Missionen med min bog Velfærdsillusionen er at vi får en debat, hvor vi lære at se forskel på velfærdsstat og velfærdssamfund...". "Virkeligheden er at vi tror på velfærdssamfundet som model, at den holder hånden under os i en livskrise, men det gør den ikke i det omfang, vi forventer det, og derfor er det en illusion" Citat. Nick Allentoft

Baumols omkostningssyge har angrebet den offentlige sektor og vi kan ikke beskatte os ud af krisen

Lars Tvede hæftede sig ved, at produktivitetsudviklingen igennem de seneste årtier i den offentlige sektor ligger tæt på nul, hvis den overhovedet har haft nogen. Det sammenlignede han så med, at i den private sektor er produktivitetsudviklingen markant bedre. Det vil altså sige, at den offentlige sektor bliver relativt dyrere at drive i forhold til den private, uden at der kommer en tilsvarende udvikling i serviceniveauet.

For at finansiere den offentlige sektor og den stadigt stigende efterspørgsel på velfærdsydelser har staten været nødt til at kræve flere penge for blot at opretholde det samme serviceniveau som nu. Dette kaldes i økonomsprog "Baumols omkostningssyge". Han pointe var, at hvis Danmark fortsat skal levere god og mere velfærd for pengene til de næste generationer, så kan man ikke løse udfordringerne ved at beskatte sig til mere velfærd, for så reduceres væksten i den private sektor og dermed produktivitet og grundlag for velfærd.

> "Vi har rigtig god velfærd i Danmark, sammenlignet med andre, hvor 70 % er ganske tilfredse og tror på velfærdssamfundet, men lytter vi til den store gruppe, der ikke oplever at få den nødvendige hjælp, og hvad er konsekvenserne af deres stemmer?
> Citat Nick Allentoft

Behov for grundlæggende forandringer ift styring, hvis den offentlige sektor skal følge med det omgivende samfund

"De kommer til en offentlig institution nær dig lige om lidt. Forandringerne."
Sådan blev Adam Wolf direktør for danske regioner citeret af en deltager[39].

> " Den offentlige sektor vil blive disruptet udefra, hvis vi ikke agerer proaktivt" Citat: Nick Allentoft

Betydningen er, at det er nødvendigt at den offentlige sektor undergår grundlæggende forandringer inden for styring, hvis den skal følge med i det omgivende samfunds hastige udvikling. Den brændende platform af udfordringer for velfærd og samarbejdet mellem sektorerne blev vendt og drejet. "Ingen sektor kan klare de her udfordringer alene", var en kommentar, og en anden spurgte til, hvordan man tænkte udfordringerne mellem illusion og kreativitet løst?

---

[39] Topleder tænder brændende platform: Radikale forandringer er nødvendige. Indlæg af Adam Wolf december 2017 på www.denoffentlige.dk

Vi skal finder en balance mellem central regelstyring og decentralt kreativitetsrum

Fælles for de afsluttende bemærkninger var, at det er nødvendigt med en debat om balance mellem samfund og stat, mål og metoder, så vi, som Nick Allentoft udtrykte det, "Ikke vender ryggen helt til ideen om velfærdssamfundet"

3.15 Future of Work

Velfærdssamfundet er under pres. Kompleksiteten i den kommunale bermudatrekant[40] og manglende koordinering mellem sektorerne presser medarbejderne, ligegyldigt hvilken sektor, de er ansat i. I det foregående programpunkt om det kreative menneske og velfærdsillusionen, udtrykte Lars Tvede, at velfærdsstatens potentiale er gemt i et dynamisk marked, hvor nytænkning og innovation skabes i konkurrence. Mange er enige og arbejder for mere velfærd i konkurrence så vi kan systemeksportere vores metoder, men hvad sker der i OPS-land, når fremtidens gennemsnitsmedarbejder går fra at være på fuldtid til et prekariat-liv (ad-hoc), hvor man pilles ned fra hylden som vikar til en interim-stilling eller specialist på deltid?

Dette programpunkt handler om menneskerne, medarbejderne og de hænder vi i dag forlader os på, når velfærd leveres. Punktet var arrangeret af Hartmanns A/S og satte fokus på profilen af fremtidens medarbejder. En profil som vi kun lige aner konturerne af i dag.

> **Paneldeltagerne var:**
> Bent Mathiasen, Seniorkonsulent, ÆldreSagen, Anne-Mette Ravn, Direktør, Hartmanns A/S, Bente Sorgenfrey, Formand, Jakob Scharff, Branchedirektør for offentlig-privat, Dansk Industri

Debatten blev faciliteret af Journalist Jakob Fulgsang.

Vi har brug for øget mobilitet mellem sektorerne

Et af de første spørgsmål i debatten handlede om: Hvorfor overhovedet beskæftige sig med offentlig-privat samarbejde under en overskrift om fremtidens arbejdsmarked?

AnneMette Ravn var ikke i tvivl, da hun svarede: *"Med de udfordringer vi står overfor, har vi behov for en øget mobilitet mellem sektorerne for at befrugte innovationskraften og kompetenceudviklingen generelt i vores samfund".* Det

---

[40] Den Kommunale Bermudatrekant, Steen Houmark, udgivet 2017

afstedkom en drøftelse af, hvor ringe en mobilitet vi har mellem sektorerne, og hvor lidt vi i Danmark udnytter mobilitetsmuligheden.

Det går langsommere end vi forestillede os
Et andet fokus i debatten var, at vi som mennesker i disse år bliver drevet af de accelererende tilslutningsmuligheder til arbejdsmarked og nye kognitive AI-prægede værktøjer, der har potentiale til at revolutionere det nuværende arbejdsmarked.

Bent Mathisen fra Ældresagen udtrykte, at nok gik det hurtigt, men det går nu i praksis alligevel langsommere end vi forestillede os for nogle år siden. Det blev ikke betvivlet, og matchede fint noget af det en blandt publikum udtrykte: *"det kan være ganske let at købe ind,*

men enormt vanskeligt at implementere relativt simple IT-drevne kommunikations- og vagtplansløsninger på medarbejderniveau ude i driften". Så i det perspektiv har samfundet en udfordring, hvis man tager de rationelle briller på. Vi har, som det fremgik af både programpunktet om *algoritmer og robotter* og *når databeskyttelse er en luksus*, langt flere IT-løsningsmuligheder end vi aktuelt anvender eller kan anvende.

"Vi skal tænke rigtig meget over, hvordan vi implementer ny teknologi og får medarbejderne med på, at det er en kulturrevolution. Noget der kan lette hverdagen, men det er en ledelsesopgave, uanset om du er ansat offentligt eller privat" Citat Bente Sorgenfrey

Nutidens helte på kanten finder ind på arbejdsmarked via vikarvirksomhederne

Men et er de mange muligheder, hvad er så lige konsekvenserne? Hvad sker der lige når forestillingen om arbejdsliv ændres fra 37 timer på fuld tid og i samme virksomhed i 7 år til et interrimmarked.

Det udtrykte Bente Sorgenfrey en vis bekymring for, hvor Jakob Scharff fremhævede at man fra en undersøgelse, lavet af Kraka[41], ved, at

> *"Vi skal være opmærksomme på at vi ikke får et proletariat af løsarbejdere som vi gamle dage havde på havnen"*
> Citat: Bente Sorgenfrey

borgere på kanten af samfundet kan finde ind på arbejdsmarkedet via vikarvirksomhederne. Underforstået, vi har allerede nogle erfaringer fra vikarmarkedet som vi kan bringe med ind i fremtiden.

Vi har ikke plads til quick fix, og flere regler, vi skal finde løsninger på tværs.

Debatten om dette tema, og interessen for det blandt deltagerne, viste en stor opmærksomhed på fremtidens udfordringer, når det kommer til fremtidens arbejdsmarked. Der er nemlig, som flere blandt publikum udtrykte det, ikke plads til quick fix og flere regler. *"Vi skal tænke os godt om, og sammen (offentlig og privat) finde løsninger der matcher den tid vi går i møde, og ikke kun løse fremtidens udfordringer med fortidens værktøjer."*

Samlet set en debat der afspejlede ivrighed efter at opnå gensidige forståelser mellem de forskellige aktører i samfundet og på arbejdsmarkedet.

---

[41] Vikarbeskæftigelse gavner på mikro- såvel som makroniveau. Analyse lave på opfordring af KRAKA på opfordring af DK.

3.16 Hvor meget må man tjene på velfærd?

Danmark består af tre sektorer. Civilsamfundet, den offentlige og den private sektor. De to første sektorer bliver ofte forbundet med en særlig renhed, fordi disse sektorer i deres grundform ikke er profit-orienterede. Ethvert overskud af deres indsats skal i princippet tilbage til samfundet.

Offentlig-privat samarbejde handler bl.a om øget konkurrenceudsættelse mhp at opnå den bedste og mest økonomiske løsning, men det betyder også, at jo mere vi konkurrenceudsætter offentlige opgaver, jo større sandsynlighed er der for at private virksomheder vinder opgaver og dermed muligheden for at trække profit ud.

Dette punkt blev udviklet i begyndelsen af juni og ramte lige ned i en spirende debat, da Steen Houmark skrev et blogindlæg[42]. I løbet af få døgn var der respons fra over 100 personer, han ikke kendte, på de sociale medier, pr mail og i telefon. Inklusive FOA, der skrev en skarp replik.[43] Debatten fortsatte op mod programpunktets afvikling[44] og sommeren efter Folkemødet.

Arrangørerne var DLA-Piber og De4Vinde ApS og havde skabt en debat arena, hvor vi zoomede ind på profitbegrebet og stillede spørgsmål som, Hvor meget profit må man skumme af velfærdsopgaverne?

> **Paneldeltagerne:**
> Mogens Bech Madsen, Sektorformand, FOA, Michael Graatang, Direktør, LOS - Landsorganisationen for sociale tilbud, Ole Bjerg, Associate professor, CBS, Mikkel Bardram, CEO, EG A/S, Jakob Scharff, Branchedirektør, Dansk Industri, Bo Kristiansen, Direktør, Mariehjemmene, Henrik Sven Sørensen, Direktør, Psykiatri Plus, Steen Houmark, Direktør, De 4 Vinde ApS, Jon Krog, Branchedirektør, Selveje Danmark, Marja Elverhøj, Fagchef Social- og beskæftigelsesområdet, Quick

---

[42] Hvad må man tjene på velfærd Blogindlæg af Steen Houmark, juni 2018 www.denoffentlige.dk

[43] OPS handler om mest muligt velfærd for pengene. Indlæg af Dennis Kristensen og Karen Stæhr juni 2018 www.denoffentlige.dk

[44] Svar til FOA: Lad os sænke de ideologiske OPS-parader. Blogindlæg af Steen Houmark, juni 2018

Er det kun de private virksomheder der trækker overskud ud af velfærd? Og Hvad er profit?

Kurt Bardeleben, Advokat og partner, DLA-Piper var moderator og holdt styr på en gruppe af 10 paneldeltager med stærke holdninger der spændte fra velfærdsvirksomheder, arbejdsgiver- og interesse organisationer og fagforeninger til forskning. Det blev til en humoristisk og skarpt styret drøftelse.

Man må godt tjene på velfærd, det er måden og mængden der er en udfordring

Kurt Bardeleben indledte med at stille spørgsmålet: Må man tjene så meget, at man kan børsnoteres?

Svarene var med en enkelt undtagelse (FOA) Ja det må man godt, men der var variationer af det ja, lige fra et rungende, til et mere teknisk og juridisk ja som Kurt Bardeleben udtrykte det.

"Penge fra det offentlige til velfærd skal gå til velfærd.... Non profit fungerer rigtig godt – dem angriber vi ikke. Vi har overenskomster med fx Mariehjem. Men koncerner er problematiske, når penge, der skulle bruges på velfærd, trækkes ud på sindrig vis." Citat Mogens Madsen FOA

Kernen ved dette spørgsmål kom til at dreje sig om, at man naturligvis godt måtte tjene for at overleve, men det var måden, konstruktionen og mængden af profit der var en udfordring.

Gennemsigtigheden på så vel den offentlige som den private side. I virksomhedstermer kaldes det profit og i offentligt regi har man i årevis talt om lønsomhed, blot fordi man ikke kan få ordet profit til at passe ind i offentlige konstruktioner. Hvad er forskellen?

Profit på varme hænder eller teknisk velfærd. Er der forskel?

Kurt Bardeleben satte konstant tingene på spidsen. Eksempelvis da han spurgte om der var forskel på at tjene på varme hænder og så at producere tabletter?

> **Varme hænder & teknisk velfærd**
> **Kurt Bardeleben:** *Hvad er forskellen på, at kommunen betaler for min stomi, som kommunen skaffer fra et privat firma, der tjener mange penge, og så pleje?*
> **Mogens Madsen:** *Der er den forskel, at vi snakker om direkte ydelser, som er offentlige ydelser, vi alle betaler til.*

Ud over at flertallet af paneldeltagerne afgav et varieret ja til at man måtte tjene på velfærd, så kom det også frem, at der er forskel på de velfærdsydelser man må tjene på, når man ser det i et FOA-perspektiv.

Flere gange kredsede moderator omkring denne forskel. Velfærd er vel velfærd, om det kommer fra min hånd, en it-dims, eller Falck. Udfordrede han.

Nødvendigheden af profit også for non-profit

Alle var enige om, at det var legitimt at tjene penge som person, men ift. virksomheder, hvilken markeds- og samfundsmæssig betydning har profit så? Er profit fx nødvendig for vækst, fremdrift og innovation spurgte moderator?

Bo Kristiansen fra Mariehjemmene fortalte, at de som non-for-profit havde været alt for optaget af samfundsansvar rent prismæssigt, og ikke lagt nok til side til investering i udvikling og medarbejdere. Særligt var overlevelse og markedstilpasning vanskelig, fordi kommunerne bl.a. jævnligt ændrer praksis for visitering, hvilket er omkostningsfyldt.

> *"..Vi taler for meget organisatorisk afsæt, non-profit, kommerciel eller offentlig uden at tænke på borgeren. Hvad tænker han? Jo, han vil have mest kernevelfærd for skattekronerne...det er ligegyldigt med organisationsafsættet.....En kommerciel virksomhed kan ikke drive forretning uden overskud, så investorer vil investere og medvirke til mere velfærd for hver enkelt skattekrone".* Citat Jakob Scharff

Hvem har ansvaret for det her marked?

Der tales ofte om et velfærdsmarked, men hvad er det for en størrelse? Ole Bjerg udtrykte følgende: *"Vi kan tro at markedet er der,…. Men et marked kræver en masse forudsætninger, for at kunne fungere……*

Markedskræfterne tager ikke automatisk over, bare ydelser privatiseres…. Det er for simpelt at tænke ligesom en cykelforretning… med velfærd er det langt mere

> *".. en detalje: alle kommuner køber ind. De kan ikke løfte forsyningsforpligtelsen alene.. Markedet er der i forvejen.. De er selv en del af det og handler selv, hvad enten de sælger eller køber ind hos andre kommuner….Bemærk her, at de fleste handler sker mellem kommuner."*
> Citat: Michael Graatang

komplekst….vi har langt flere parter." Interessante betragtninger når man taler pris og indtjening på ydelser, hvor både offentlige og private enheder handler ind for store beløb. Hvem har ansvaret for, at markedet fungerer?

Den offentlige indkøber, som selv sælger eller de private virksomheder? Svaret hang lidt i luften, men alle var enige om at dialog og samarbejde skulle der til.

Skal vi have profitkvoter eller skal ydelserne trækkes tilbage?

Der var en generel enighed om, at der er rum for både offentlige og private aktører på velfærdsområderne. Tekniske såvel som håndbårne. I mediedebatten var det kommet frem, at man i Sverige og Norge har lagt op til en kvoteordning for profit på grund af nogle skandaler.

Kurt Bardeleben stillede derfor en række spørgsmål i det felt. Skal vi lave regulering? Skal der være grænse for, hvor meget Falck må tjene, eller skal ydelser trækkes tilbage til det offentlige? Udfordrede han, og her var det, at de skarpe ideologiske parader blev sænket en smule, for svarene var for det meste ikke et enten eller men oftest et både og.

Der var en tilkendegivelse af, at vi havde behov for at tage drøftelsen i et dybere lag frem for en ja-nej diskussion. Nødvendigheden af at arbejde mere med gennemsigtighed og transparens og måske et charter for etik og profit.

Aftale om at mødes efter Folkemødet

Debatten var livlig, humoristisk og med pingpong fra salen. Den blev afsluttet med at parterne indgik en aftale om at mødes senere på året og genoptage drøftelsen i håb om at man kunne komme et skridt dybere end en god debat på Folkemødet.

Kvoter & indlicitering:
Marja Elverhøj:
"Man ser forkert på det ved at sige enten eller – man skal se både og"
Jon Krog:
"Jeg kan ikke svare ja eller nej. Ydelserne skal ikke trækkes tilbage til det offentlige. Men der er god grund til at tale sammen om, hvordan økonomien struktureres"
Mogens Madsen:
"Jeg er ikke ude i en vendetta mod Falck. Det skal ikke være offentligt… der er stor forskel på velfærdsydelser og ambulancer".
Mikkel Bardram:
Markedskræfter skal styre – Der skal ikke være regulering på profit

---

Bemærkning: *Punktet har fået en del mere plads end de øvrige bl.a. i perspektiv af at antallet af paneldeltagere var dobbelt så stor og punktet tog 1.5 time*

3.17 Når der går DJØF i velfærdsudbud

Udbudsloven har medført en let stigning i antallet af udbud på de bløde velfærdsområder, som tidligere var friholdt i udbudsreglerne. Det kan betyde, at markederne er ved at modnes, men går der DJØF i udbuddene, som det er mere end antydet fra flere private virksomheders side?

Arrangørerne DLA-Piper og De4vinde ApS satte fokus på det offentliges maskinhus ift. udbud af velfærdsydelser.

> **Paneldeltager:**
> Annette Homilius, Centerchef for Social- og Sundhed, Køge Kommune, Carsten Greve, Professor, CBS Public-Private, Henrik Sven Sørensen, Direktør, Psykiatri Plus, Marja Elverhøj, Fagchef Social- og beskæftigelsesområdet, Quick Care Steen Houmark, direktør De 4 Vinde ApS, Anne-Mette Ravn Direktør Hartmanns A/S

To paradigmer præger velfærdsudbud

Forud for debatten havde Steen Houmark udgivet blogindlæg, "Når der gør DJØF i udbud" på www.denoffentlige.dk. Her havde han præsenteret to paradigmer for udbud, som synes at kendetegne de seneste velfærdsudbud.

1) Bogholderparadigmet
2) Essayparadigmet

I blogindlægget konkluderer Steen Houmark ift. de to paradigmer; At bogholder-paradigmet med sin detaljerigdom har sine fordele ift. første-gangs-udbud, men det kræver at tilbudsgiver kan sin B2G-grønspættebog. Anvender man Essay-paradigmet er det bedst egnet til kvalitetsudbud i udbudsvante velfærdsmarkeder, med tilbudsgivere der kender begreberne i kommunalpoesien. (i øvrigt henvises til blogindlægget[45])

---

[45] Når der går DJØF i Udbud" blogindlæg af Steen Houmark juni 2018
www.denoffentlige.dk

De to paradigmer blev præsenteret for salen og paneldeltagerne med en lille leg, hvor paneldeltagerne skulle give tilbud på vedligehold og pudsning af Steen Houmarks sko efter henholdsvis Bogholderparadigmet og Essayparadigmet, hvilket afsted kom både latter og kommentarer.

Velfærd er kompleks, derfor skal man forberede sig grundigt.
Kurt Bardeleben indledte den efterfølgende drøftelse med spørgsmålet: "Når I tænker på de to paradigmer, er djøfiserede udbud så en nødvendighed for at få retfærdige udbud?"

Henrik Svend Sørensen kasserede begge udbudsparadigmer, og var på den led på linje med Marja Elverhøj der spurgte:
"Efterlader de to paradigmer tilstrækkelig plads til dialog?
For uanset metoden har vi brug for at

> "Velfærd er komplekse ydelser, forankrede i komplekse organisationer, hvor det er væsentligt at man har et grundigt forarbejde, men meget kan nok lykkedes bedre ved at udvikle udbuddet i partnerskaber" Citat Carsten Greve

kunne stille spørgsmål Måske det er væsentligt at få noget mere at vide om den fod der er inde i de sko vi skal pudse og vedligeholde ☺"

> **Kurt Bardelemen**: " Så det er altså når alt kommer til alt ikke et problem, bare man forbereder sig godt nok, og er i dialog?
> **Marja Elverhøj**: "Det kan du sige, for vi er så heldige, at vi har en del djøffer ansat hos os, der kan oversætte det indviklede, men en af udfordringerne kan være, at der sker en frasortering af mindre, men innovative leverandører"

Man skal tænke over kommunernes virkelighed og om marked er modent eller helt nyt

I det kommunale perspektiv, pegede Annette Homilius på, skal graden af djøfisering ses ift. at kommuner ikke en ensartet størrelse, som alle har lang erfaring med velfærdsudbud. Hernæst skal man se på, hvad der udbydes og indtænke den virkelighed kommunen befinder sig i. *"Borgere, interesseorganisationer og politikere har alle forventninger til, hvilke krav man skal stille til løsningen af en opgave, uanset om det er en offentlig eller privat aktør".*

Komplekse udbud holder små leverandører ude og giver arbejde til rådgiverbranchen

Kommunernes vækst efter kommunalreformen og den trods alt gennemsnitlige øgede erfaring med udbud gør, at vi mange steder er gået fra små udbud til rigtig store udbud, og det sikre liv i rådgiverbranchen bemærkede en tilhører fra salen.

En af de andre udfordringer er, om de komplekse udbud holder små og såkaldt innovative leverandører ude, så vi på sigt mister innovationskraften til fordel for driftsfokus?

"Det er bemærkelsesværdigt, hvordan man på finurlig vis kan sætte samme type af udbud op på så forskellig vis…. Tag fx økonomimodellerne, de kan være meget eksotiske og svære at omsætte til praksis også for udbyder når vi går i drift. – Kan man ikke bare nøjes med en eller to modeller?" Citat: Anne-Mette Ravn

Innovation af velfærd er centralt når man udbyder og vi har behov for et neutralt nationalt udviklingsrum

Udvikling af udbudt velfærd blev drøftet intenst som en nødvendighed indbygget i et udbud. Kan velfærdsudbud standardiseres mere? Hvilke dele af et udbudsmateriale kan være standard - og hvilke skal være specifikke for det enkelte udbud

Annette Homilius forklarede, at kommuner jo på ingen måde er sat i verden for at genere leverandørerne, men at deres myndighedsansvar og det juridiske set-up ofte gør det vanskeligt at have en tilstrækkelig dialog i forarbejdet til et konkret udbud.

> "Jeg hører det sådan, at vi skal styrke professionaliteten på begge sider af bordet og arbejde med en længere forandringsbevægelse af udbudskulturen". Citat: Carsten Greve

Hun foreslog derfor at man på tværs af det offentlige, private virksomheder og forskningsinstitutioner etablerede et neutralt rum, hvor man i ikke konkurrenceprægede situationer i dialog udviklede eksempelvis standarder for det gode udbud, herunder anvendelsen af økonomimodeller.

Kontrakternes udløbsdato er ofte ikke i balance med opgaveløsningen pga. agil lovgivning

En af de mest komplekse udfordringer ved udbud af velfærd synes ikke så meget at være djøfisering af de konkrete udbud, som det reformtempo der er på de enkelte velfærdsområder. Eksempelvis arbejdsmarkedsområdet. Her er lovgivningen så agil, at den løber foran aftalerne i de udbudte kontrakter, selvom de kun er af to års varighed. Forklarede Anne-Mette Ravn.

> "Et opmærksomhedspunkt for dem på borgen er, at reformtempoet giver konstant ændrede vilkår decentralt for kommuner og leverandører" Citat Carsten Greve

"Vi har ganske enkelt behov for, at der udvikles metoder så vi uproblematisk kan indbygge pitstop i udbud" responderede Marja Elverhøj.

Et af programpunktets tilbagevendende omdrejningspunkter var dialog. Det var tydeligt, at der fortsat er et udpræget behov for, at vi investerer i at forstå hinanden bedre på tværs af sektorer – og når dialogen flyder frit – uden mure imellem os som på Folkemødet – så er der for alle parter stor interesse for at udvikle løsninger.

3.18 Partnernes refleksion på debatterne i OPS-teltet.

Kort efter Folkemødets afslutning blev parterne bedt om at komme med et par linjer, hvor de i helikopterperspektiv tilkendegav, hvad de iagttog i OPS-land på basis af deres deltagelse på OPS-Scenen. Nedenfor gengives i udtræk nogle af disse refleksioner

Stort behov for fortsat at nedbryde mure mellem den offentlige og private sektor
Sammen accelererer vi læring, sammenhængskraft til gavn for samfundet
Teltet blev en platform for at offentlige, private, foreninger, organisationer og A-kasser i mødet om fælles emner.
Involveringen af publikum bidrog med flere perspektiver.
Stor streg under, at det faktisk er et FOLKEmøde
Det slog mig, at der fortsat er et udpræget behov for, at vi investerer i at forstå hinanden bedre på tværs af sektorer.
Anne-Mette Ravn Hartmanns A/S

Der mangler mange flere OPS-telte og OPS-dialoger
Vi er på begge sider af hegnet slet ikke dygtige nok til OPS/OPI, selv om vi har holdt skåltaler i mange år.
Lars Kirdan SAS-Institute

Det mest bemærkelsesværdige ved OPS teltets program var diversiteten.
OPS kunne ligeså vel have stået for Obstetrisk-Psykologisk Selskab eller lignende obskure forkortelser. Der er ikke en entydig begrebsanvendelse. Det er både en mulighed og en forbandelse. Dialogen mellem bestillere og leverandører skal stadig udvikles. Der er langt igen, før KL/kommunerne anerkender selvejende organisationer som ligeværdige parter, der arbejder til gavn for samfundet og borgeren – og ikke til gavn for sig selv.
Bo Kristiansen, Fonden Mariehjemmene.

Paneldebatterne skabte både opmærksomhed og dialog samt efterfølgende interesse for at arbejde videre på tværs af sektorer og aktører.
Både kunder og øvrige paneldeltagere var tilfredse. Dermed blev formålet med vores deltagelse indfriet - Cathrine Eisenreich, Lindskov Communications

Personligt havde jeg egentlig aldrig tænkt Offentlig Privat Samarbejde i en større kontekst, så OPS-Scenen satte for mig perspektiv på, hvor meget samarbejde, der rent faktisk er, og hvor stort potentialet er.
Det er helt sikkert noget, der skal dyrkes i andre sammenhæng end kun på Folkemødet." Johnny Iversen, EG.

En finding er, hvorvidt den viden vi har om OPP og OPS mere bredt set er opdateret og tilgængelig.
Problemet er, at viden er spredt på folk i staten, i regionerne og kommunerne samt blandet forskerne på universiteterne og konsulenterne i konsulenthusene.
Her kan et OPP/OPS-videnscenter være en vej frem – CBS Carsten Greve

Analyse

4. Analyse og diskussion

I dette kapitel er der lagt en simpel analysemodel ned over udvalgte data fra kapitel 3.

Når ikke alle data analyseres i det følgende handler det bl.a. om prioritering. Virkeligheden er, at når man samler datamaterialer fra processerne før og under folkemødet i form af bl.a. notater, lydoptagelser og aktiviteter på sociale medier, så står du med store mængder af materiale, hvor meget er relevant, men ikke alt vil kunne få plads i denne bog.

Analysemodellen bygger på de pejlemærker som partnerne udarbejdede i foråret 2018. Nemlig *Forståelseskløften, regler, modeller og illusoriske forestillinger om velfærd og OPS.*

4.1 Forståelseskløften

Der pågår en sprog og begrebskamp hvor alle har behov for at blive forstået

En af de ting der er slående, når man lytter til de mange timers lydoptagelser fra OPS-Scenen, er hvor mange gange udtryk som; "det er vigtigt at forstå", "for at komme videre skal I forstå", "Jeg har svært ved at forstå", For andre må det virke uforståeligt" osv. bliver sagt. Alene om lørdagen blev begrebet *forstå* anvendt i forskellige variationer i gennemsnit ca. hvert 4 minut.

Dette illustrerer med al tydelighed et behov for at fokusere på partnernes antagelse forud for folkemødet om at der er en forståelseskløft i OPS-feltet. Alle deltagere har på kryds og tværs et behov for at udtrykke deres forståelse af, hvordan verden hænger sammen, hvilket i mange sammenhæng passer fint med at velfærdsmarked set under et, befinder sig i en sprog og begrebskamp, hvor stærke interesser kæmper indædt for at deres model skal blive den dominerende standard svarende til et normativt marked (se bilag 1). Når det er sagt må det samtidig erkendes at det gennemgående er umuligt at tale om ét velfærdsmarked. Virkeligheden er, når man går ned i de enkelte drøftelser og udsagn, at vi har at gøre med mange forskellige markeder, hvor markeds-karakteristikaene svinger over stort set hele paletten. Jf. markedskarakteristika beskrevet i bilag 1.

Eksotiske betegnelser skabt ud fra privat-sektor tankegods skaber uklarhed.

En af de generelle iagttagelser som fylder i feltet af Offentlig-Privat-samarbejde er mængden af forkortelser og eksotiske betegnelser. Som direktøren for Fonden Mariehjemmene udtrykte det *"OPS kunne ligeså vel have stået for Obstetrisk-Psykologisk Selskab eller lignende obskure forkortelser. Der er ikke en entydig begrebsanvendelse. Det er både en mulighed og en forbandelse."* På den led peger han lige ned i den babylonske sprogforvirring man ind i mellem oplevede på OPS-Scenen.

Det er ikke sådan, at der ikke er gjort forsøg på at formidle hvad OPS er. Googler du begrebet offentlig-privat samarbejde eller forkortelsen OPS strømmer det ind med forklaringer kommunikeret af bl.a. KL, DI, Dansk Erhverv, Konkurrence- og Forbrugerstyrelsen[46] og mange flere.[47], hvilket i sig selv er med til at underbygge tesen om at der pågår en normativ sprog og begrebskamp mellem interessenterne. For ud over at der findes mange forklaringer på OPS, så er fortolkningerne ofte baseret på viden forankret i delsegmenter med interesse for netop OPS.

Drøftelserne og forståelsen bliver ikke lettere, når man inddrager virksomheder forankret i civilsamfundssektoren, for hvad er de lige? Offentlige fordi de på den ene side har nogle driftsformer med offentlige karakteristika og på den anden side private fordi de er juridisk uafhængige af det offentlige med et kapitalbehov, der på mange måder ligner de kommercielle private virksomheder?

Nogle udtrykte under folkemødet at OPS-begrebet ville være meget at lettere at forstå, hvis der kun var to sektorer. En offentlig og en privat. Men situationen er jo den, at man ikke kan fjerne civilsamfundssektoren fra offentlig-privat samarbejde blot fordi vi skal have en bogstavkombination til at gå op. En bogstavkombination der på mange måder mindre om NPM (New Public Management). Det vil sige tankegods fra en privat sektor oversat til offentlig sektor sprog uden de store tanker på om det var det fulde billede på samarbejde mellem virksomhederne på tværs af de tre sektorer. Den offentlige, den private og civilsamfundssektoren.

---

[46] Typer af Offentlig privat samarbejde v Konkurrence og forbrugerstyrelsen

[47] Hvad pokker er Offentlig-Privat-Samarbejde. Steen Houmark på www.denoffentlige.dk

Der er behov for så vel B2G som G2B uddannelser

Under stort set alle programpunkter var en af konklusionerne at debat og dialog på tværs skabte mere forståelse for hinandens virkelighed. Samtidig var der en tilkendegivelse af, at selvom man kunne ønske sig mange flere folkemøder, som direktør Lars Kirdan udtrykte det, så var der et udtrykt behov for noget mere og andet end det folkemødearenaen kunne bidrage med.

Et er nemlig selve sproget, noget andet er den virkelighed man enten køber ind fra eller sælger ind til.

Behovet for Business to Government (B2G) uddannelser, hvor leverandører til det offentlige fik mere indsigt i det offentliges virkelighed og dermed indkøbs-mekanismer blev foreslået flere gange. ” I skal ganske enkelt på skolebænken” sagde advokat Kurt Bardeleben. Tilsvarende blev det tilkendegivet, at det offentlige haltede bagud ift. at forstå potentialet og virkeligheden hos virksomhederne. Det offentlige har slet og ret behov for, at der bliver etableret en G2B-uddannelse. Særligt på it-området kunne man spore frustration over at kommunerne køber ind med basis i fortidens forestillinger om det teknologisk mulige, frem for nutidens potentiale. Som en paneldeltager udtrykte det ”vi kan meget mere end vi formår at sælge”

4.2 Regler

Dilemma: Det bureaukratisk nødvendige versus det ønskelige

Der var mange friske folkemødekommentarer og skæve smil når der i paneldebatterne blev efterspurgt mindre bureaukrati ift. det offentlige-private samarbejde. *”Vi har på den ene side det bureaukratisk nødvendige og så det menneskeligt ønskelige”* responderede kommunaldirektør Claus Thykjær og udtrykte dermed det offentliges dilemma mellem kravet om gode kvalitative metoder og kontrollerende regler. I forskellige sammenhæng blev regeringens projekt "meld en regel"[48] nævnt som noget man kunne se frem til[49], så spørgsmålet er om der reelt kommer noget ud af denne indsats? Afbureaukratisering og regelforenkling har med jævne mellemrum været på dagsorden de sidste tyve år uden at vi er kommet meget videre udtrykte en deltager.

Virkeligheden er jo den, at man helt sikkert kan afskaffe mange irrelevante regler, men kompleksiteten i lovsystemet er så wicked, at det vil være vanskeligt selv ved reformer af de helt store. Endelige bør ingen ønsker sig alternativet til det nødvendige bureaukrati, som er vilkårlighed, smålighed og korruption[50].

Konkurrencestaten fyldt med snubletråde for små og innovative
En af de store showstopper som blev drøftet på tværs af programpunkterne, var regel-danmark ift. innovationen i det offentlige-private samarbejde. (se bl.a. afsnit 3.5, 3.6,3.12 og 3.14) For her synes særligt mængden af regler og bureaukrati at være en hindring for små og mellemstore virksomheder. De har ganske enkelt ikke den fornødne djøf-motor, når man skal samarbejde med det offentlige endsige indgå i et udbud. Her var påstanden, at vi på grund af det bureaukratisk nødvendige mister innovations potentiale fordi virksomhederne ganske enkelt giver op. En tilskuer udtrykte det således "Konkurrencestaten er bygget op til de store. Reglerne er til for de store. Det gør det svært for små initiativer". Spørgsmålet er om det er en fastgroet fordom, at små virksomheder har svært ved at trænge igennem til kommunerne. For ifølge kommunerne selv gør de en hel del for at række ud og i deres perspektiv hjælpe de mindre virksomheder.[51] Forskellen i opfattelse underbygger behovet for en G2B og B2G uddannelse som foreslået i afsnit 4.1.

---

[48] Meld en regel - Finansministeriet
[49] Regeringen vil fjerne 300 regler efter borgerforslag. Jyllands Posten 25.08.2018
[50] Vi burde elske bureaukratiet Jes Fabricius Møller. Kristelig Dagblad, nov. 2017
[51] Kommuner rækker ud efter mindre virksomheder Kim Rosenkilde Altinget oktober 2014

Agil lovgivning og reformtempo en udfordring

"Jo mere stat, jo mere metode, jo flere regler" sagde Lars Tvede da han var i debat
med Nick Allentoft om det kreative samfund, men mængden af regler er ikke den
eneste store reguleringsmæssige udfordring vi står med, hvis man skal tro flere af
paneldeltagerne på tværs af de 15 debatter. Reformtempoet de sidste årtier gør
at man fx som leverandør på arbejdsmarkedsområdet kan sidde med en kontrakt
baseret på et udbud, der ikke matcher den lovgivning som konstant tilpasses. (se
afsnit 3.17) Det matcher i et vist omfang hvad seniorforsker Frederik Thuesen fra
VIVE og statsrevisorerne tidligere har tilkendegivet, nemlig at det
lovimplementerende arbejde og de seneste års reformer på
beskæftigelsesområdet er gået for stærkt. Det er umuligt at følge med.[52]

Nulfejlskulturen i det offentlige er en del af en ond cirkel og ren gift for innovation af fremtidens velfærd

Reglerne for dokumentation i det offentlige blev i teltet omtalt som noget der
voksede. Den oplevelse passer godt sammen med, at vi de senere år har haft en
stribe meget omtalte sager, hvor kommuner ikke greb ind, hvad enten det har
været på de tekniske eller bløde velfærdsområder. Den interne regel-mængde er
altså tilsyneladende vokset i kølvandet af mediebevågenheden og hermed også
kravet om færre fejl. Et pres der har medført en forstærket fejlfinderkultur i
kommunerne, hvor man skærmer sig mod kritik ved at skærpe krav og
skriftlighed. Problemet er bare, hvad bl.a. socialrådgiverforeningen har været ude
og sige, at det kan have den modsatte effekt.[53]

Offentlig-privat samarbejde omkring velfærd er mere end en leverance af en
ydelse eller et produkt. Indkøber har, som en deltager i teltet udtrykte det "på
tomandshånd mange visioner om samarbejdet, men når det kommer til stykket,

---

[52] Tilsyn: Hver femte blev fejlbehandlet på jobcentre Ivan Mynster Ugebrevet A4 juni 2016
[53] Socialrådgivere: Bureaukrati får os til at svigte udsatte børn – www.denoffentlige.dk
2015

laver man fremtidens udbud, med fortidens metoder". Det svare meget godt til hvad bl.a. Udbudsmedia.dk tidligere har konkluderet[54].

Denne rigiditet blev i teltet tilskrevet den voksende nulfejlskultur i det offentlige. Ren gift for Innovationen af fremtidens velfærd. Advokat Kurt Bardeleben foreslog i denne sammenhæng en kulturrevolution hvor man gav tilladelse til at begå fejl, for det er via vores fejl at vi skaber grundlag for innovation. (se i øvrigt 3.10)

Regler og indre wicked problems i det offentlige skaber barriere for mere OPS

Regler, bureaukrati og organisation er hinandens trilling-søskende. Det offentliges kompleksitet var gang på gang en del af debatterne på OPS-scenen. Det var vanskeligt for leverandørsiden at sætte sig ind i de kompleksitetsforøgende fænomener som du fx møder i kommunale sammenhæng. Tilsvarende var det vanskelig for det offentliges repræsentanter at forklare kompleksitetens sammenhæng meget længere end at regler og bureaukrati i et vist omfang er nødvendigt. Udfordringerne i nogle af dialogerne endte tit med at omhandle et felt som Koppenjan & Klein[55] beskriver som "wicked problems". Det vil sige problemer der typisk karakteriseres af 3- 4 sammenhængende elementer:

1. Ufuldstændig eller modstridende viden på tværs af forvaltnings søjler
2. Antallet af mennesker og meninger involveret
3. Den økonomiske byrde
4. Forbindelsen mellem et problem og andre problemer, hvor løsningen af det ene griber ind i det andet, således at hvad der er godt et sted ikke nødvendigvis medvirker til en god løsning et andet sted.

Eksempelvis påpegede Joy Mogensen (se afsnlt 3.7), at det kan godt være, at der reguleringsmæssigt er indført frit valg af plejeboliger, men det frie valg begrænses bl.a. af kommunernes økonomiske byrde, samt af at kommunerne selv er driftsherre på plejeboligområdet og ikke har råd til alt for megen tomgang. Det vil

---

[54] OPS-gennembrud i sigte? Artikel af Claës Hagström, redaktør, marts 2016
[55] Managing uncertainties in networks. S. 6 > Koppenjan & Klein by Routledge, 2004

sige, at selv om de selvejende reelt har løsninger borgeren kunne ønske inden for det fri valg, så er det ikke nødvendigvis den gode løsning kommunen vil visitere til.

Et andet eksempel som illustrerer, hvordan wicked problems er en barriere for et mere offentlig-privat samarbejde er, at kommunernes organisering, bureaukrati og regler hindrer anvendelse af borgerdata på tværs af forvaltningssøjler til trods for at It-leverandørerne står klar med de teknologiske muligheder. (se bl.a. afsnit 3.11)

Flere undersøgelser af danske kommuner viser at kun 5 % af borgere tegner sig for 66% af velfærdsudgifterne. Det betyder, at vi her har at gøre med relativ få borgere der trækker på flere forvaltninger og indsatser. Så selvom vi ved, at der menneskeligt, fagligt og økonomisk er behov for koordinering[56] tidssvarende it-understøttet udveksling af oplysninger mellem forvaltningsgrene, er det ofte vanskeligt, fordi mængden af meninger, involverede fagpersoner og den økonomiske struktur er bygget op på et sæt af regler, der spænder ben. Hertil kommer, at det som er teknologisk muligt, kan være vanskeligt at købe og implementere pga. bl.a. den mystificering fag- og forvaltningsfolk har ift. ny teknologi og dataetik (se afsnit 3.11)

4.3 Modeller

Udvider man begrebet modeller til at omfatte løsninger, så var de 15 programpunkter rigtig indholdsrige på dette. Et karakteristika, ud over det brændende engagement var, at nok ville alle gerne forstå de andre, når blot de andre forstod ens eget forslag bedre, og det giver en række af de behov og udfordringer der blev behandlet under forståelseskløften (se afsnit 4.1).

---

[56] En fælles plan og koordinerende sagsbehandler til borgere med indsatser efter både SEL og LAB – Dansk socialrådgiverforening 2017

Kommunerne vil genopdage civilsamfundet. Efter ti år med kolonialisering skal ildsjæle få det offentliges ydelser til at løbe længere på literen

En af de modelverdner som flere kommunalfolk i teltet vendte tilbage til, var civilsamfundet. Det blev i flere sammenhæng betragtet som både den 3-vej, løftestang for fremtidens velfærd og et område der skulle genopdages som Joy Mogensen formand for KL`s socialudvalg, udtrykte det.[57] Lidt paradoksalt taget i betragtning af at kommunerne har opsagt og nedlagt samarbejdet med striber af selvejende organisationer forankret i civilsamfundet de sidste 10 år.[58] Men meget godt i tråd med tidens trend, hvor kommuner og regering lægger spektakulære civilsamfundsstrategier som bl.a. skal hjælpe flere udsatte ind i foreningslivet. Logikken er altså, som Innovationsminister Sofie Løhde udtrykker det, at vi i endnu højere grad indtænker de frivillige ildsjæle i de tilbud og indsatser, som det offentlige har på eksempelvis det sociale område.[59]

Opgaver som civilsamfundsorganisationerne står klar til indgå samarbejde om.[60] Spørgsmålet er, om den måde at indtænke civilsamfundet som OPS-partner er ligeværdig. Har kommunerne forstået civilsamfundet eller er der blot tale om en ny måde at få en billig underleverance i det offentlige så længe problemerne er til stede?

Der er behov for et samlende OPS-Center

Programpunkterne var et sandt eldorado for OPS-niche-specialister med viden inden for genren OPS-Classic (Se fx afsnit 3.4, 3.9, 3.10). Der var konkrete og fokuserede gennemgange af OPP-projekter, hvordan de var forspildt og hvilke potentialer vi har. Vi havde OPI-modeller som det nye sort, men det slående var, som Professor Carsten Greve siden udtrykte det. "at vi har en udfordring med hvorvidt den viden vi har om OPS, mere bredt set er opdateret og tilgængelig."

---

[57] Joy Mogensen: Sårbare borgere står højt på KL's dagsorden Altinget juni 2018

[58] Tendens: Selvejende daginstitutioner lukker på stribe Kåre Kildall Rysgaard. Børn&Unge 2012

[59] Regeringen vil styrke civilsamfund og frivillighed Finansministeriet juni 2017

[60] Ny civilsamfundsstrategi har positive takter – Dansk Erhverv

Problemet er, at viden er spredt på folk i staten, i regionerne og kommunerne samt blandet forskerne på universiteterne og konsulenterne i konsulenthusene. Det forklarer måske til en vis grad hvorfor forskere fra tid til anden hævder at der er begrænset viden om fx effekten af udlicitering. [61] De har ganske enkelt ikke mulighed for at skabe sig et tilgængeligt overblik fordi viden netop er spredt, hvilket kunne være en indikation på at OPS-marked generelt befandt sig i en normativ fase med begrebskampe og spredt viden. (Se bilag 1)

Forslaget var rigtig mange gange i løbet af folkemødet og fra alle sektorer, at Danmark må etablere et OPS-Center, der bl.a. kan samle og formidle viden om hele OPS-feltet. Herunder faciliterer udviklingen på tværs af offentlig og privat innovation. Eksempelvis "et data-landkort" i form af et landsdækkende meta-katalog over data, så overblik kan lette forskere, behandlere m.fl. i deres arbejde. (Se i øvrigt afsnit 3.3, 3.8 og 3.9)

Forslaget om et OPS-Center var ikke bare et af de her luftige folkemødeideer, men det bygger bl.a. på erfaringer fra British Columbia, hvor man har PartnershipsBC[62] som et OPS-kraftcenter, der både sætter OPP på dagsordenen, og som driver OPP-projekter fremad. PartnershipsBC er statsejet, men i drøftelserne i teltet var der forslag om bl.a. en selvejende og uafhængig dansk udgave, set i lyset af, at civilsamfundet netop i disse år har så stort et fokus fra offentlig side.

En OPS-Inkubator kan understøtte så vel små ildsjælsprojekter som større samfundsmæssige planer

Et er at der er behov for et OPS-videns-center, men i drøftelserne om dette udtrykte en deltager, at der var behov for en OPS-Inkubator, hvor små ildsjælsprojekter med potentiel samfundsfremmende impact kan understøttes mere konkret. Det er dog ikke kun mindre ildsjælsprojekter der har brug for den slags. Ifølge professor Carsten Greve findes der private investorer, herunder i dansk sammenhæng de danske pensionskasser, som er interesserede i at

---

[61] Begrænset viden om effekten af udlicitering af Lars Lønstrup – Djøf-bladet januar 2016
[62] PartnershipsBC – Hjemmeside finde let via Google

investere mere i infrastruktur som hospitaler og skoler i Danmark, men hvordan kan pensionskasser og andre bidrage til at udbygge infrastrukturen?

En af udfordringerne på infrastrukturområdet er nemlig, at beslutningen om ny infrastruktur er delt ud på mange aktører i staten, regionerne og kommunerne. I det perspektiv kunne en inkubator-funktion under eksempelvis et OPS-Center facilitere at nogle af de nævnte aktører kunne gå sammen og koordinere en samlet indsats for infrastrukturen i Danmark, f.eks. i form af en infrastrukturplan herunder en pipeline for nationale OPP-projekter. (se i øvrigt afsnit 3.4 og 3.12)

Behov for forbedring af udbudskultur og tydeligere udbudsparadigmer

Rent håndværksmæssigt blev der bredt henover programpunkterne efterspurgt nogle mere indarbejdede og tilgængelige paradigmer for udbud.[63] En særlig udfordring synes at være på de mere bløde velfærdsområder, hvor udbudsmaterialerne opleves djøfficerede ud i det eksotiske mht så vel sprog som økonomimodeller. "Kommunepoesien gør det vanskeligt at oversætte i tilbudsprocessen og økonomimodellerne gør det vanskeligt at afregne efter i driftsfasen" udtrykte en deltager. (se afsnit 3.17) Det stemmer pænt overens med en undersøgelse fra ROPS[64], der angiver, at der er plads til forbedringer ift. at udbyder skal arbejde med at lave tydeligere og mere forståelige udbudsmaterialer. En tredjedel af tilbudsgiverne havde oplevet, at udbudsmaterialerne ikke var klare og forståelige og indeholdt overflødige krav, samtidig med at over 90 % af ordregiverne mente at de gjorde en stor indsats og udbudsmaterialerne var af et passende omfang. Det sidste kunne måske godt hænge sammen med den nulfejlskultur der vokser frem i det offentlige. (Jf. afsnit 4.2. om regler og nulfejlskultur)

Når alligevel 2/3 af tilbudsgiverne i undersøgelsen fra ROPS oplevede udbudsmaterialerne forståelige, kan det handle om, at man ikke havde segmenteret tilbudsgiverne markedsmæssigt. I Danmark udbyder vi langt mere

---

[63] Når der går DJØF i udbud. Indlæg juni 2018 af Steen Houmark på www.denoffentlige.dk
[64] Udbudskulturen i Danmark Udgivet af Rådet for OPS 2014

teknisk velfærd end blød velfærd, ligesom erfaringen med udbud og dermed også kulturen på udbud af teknisk velfærd må forventes mere indarbejdet. Pointen er, at debatten i teltet afspejlede, at der fortsat er plads til forbedringer i udbudskulturen, således som ROPS konstaterede tilbage i 2014.

Findes der en nøgle til mere OPS?

Det er ingen hemmelighed at konkurrenceudsættelse, som et OPS-element er gået langsomt i Danmark og det har været vanskeligere end i vores nabolande, særligt ift. de bløde velfærdsområder. Men findes der en nøgle til mere OPS, hvor man ikke åbner op for en ideologisk for eller imod debat?

Økonomi er et centralt begreb der vedbliver at vende tilbage, når man debattere velfærd og OPS. Retorikken har til tider været skinger, hvor den private sektor har forsøgt at råbe de offentlige beslutningstagere op, fordi man syntes, at det gik for langsomt. For eksempel da ISS`s direktør, nogle år tilbage, tilbød daværende finansminister Bjarne Corydon en 12 %`s besparelse, hvis han udliciterede for 100 milliarder teknisk velfærd[65]. Tilsvarende har modstanderne af eksempelvis udlicitering været ude og trække etik- og kvalitetskortet mhp. at miskreditere den private sektor. I den sammenhæng mere end antyder man, at private løsninger er dårlige for borgere og medarbejdere[66], selvom der ikke er noget beviseligt grundlag for at private tilbud gennemsnitligt er dårligere.

Under programpunktet "hvor meget må man tjene på velfærd? (Se afsnit 3.16) blev det meget tydeligt, at der pågår en normativ kamp af ideologisk karakter, hvor forskellige interesseorganisationer forsøger at sætte standarden gennem bl.a. medierne.

---

[65] ISS-chef til Bjarne Corydon: Her er dine 12 milliarder Berlingske d. 23.08.2014
[66] Mere kvalitet – mindre spekulation FOA. Forbundsformand Mona Striib

Et fælles charter for drift af velfærdsvirksomheder kan være nøglen til mere OPS

FOA havde op til folkemødet lavet, det nogen har beskrevet som, et frontalangreb[67] på sociale bo- og opholdssteder, ved at antyde at ejerne af private botilbud generelt trak penge ud af deres tilbud på en upassende facon. Man kan egentlig undre sig over, hvorfor FOA gik efter lige netop dette område, men læser man evalueringen af tilsynsreformen, der udkom i maj 2018[68], giver det god mening. Evalueringen viste bl.a. at private botilbud dels var en smule bedre kvalitetsmæssigt end de offentlige og så var de i vækst. Det vil sige at de vandt ind på den offentlige markedsandel og da FOA ideologisk er modstander af alt privat, fandt de en kæp i form af nogle konkrete cases de kunne sætte i hjulet for mere privat fremdrift. Mediekampen skal desuden ses i perspektiv af, at selvom der er næsten lige mange offentlige og private tilbud, er der langt flere pladser på offentlige tilbud end på private, fordi de offentlige tilbud generelt er større end de private. Præcis dette er interessant idet SelvejeDanmark[69] hurtigt efter offentliggørelsen af evalueringen gør opmærksom på, at undersøgelsen viser, at de tilbud, der leverer højest kvalitet, er tilbud med max. 24. pladser, underforstået de private er bedre end offentlige.

Pointen er, at uanset om man går stærkt ind for mere velfærd med OPS eller har en mere forsigtig holdning til OPS, så bliver økonomi, hvad enten vi taler besparelser, profit og kvalitet en nøgle. Uden økonomi kan vi ikke drive velfærdsopgaverne uagtet det bagvedliggende organisatoriske set up.

Spørgsmålet er, hvor meget må man tjene på sin virksomhed og kan man som det det blev foreslået under folkemødet inden for rammerne af den danske model opstille et charter for god virksomhedsdrift?

---

[67] Bostedsejer blev millionær på at handle med udsatte børns velfærd FOA bladet 2018

[68] Evaluering af tilsynsreformen – udgivet af Socialstyrelsen maj 2018

[69] Evaluering af socialtilsynet viser fremgang for selvejende tilbud – SD – 28 maj 2018

Udviklingen af et charter kræver alles medvirken

Er det muligt for repræsentanter for alle interesseorganisationer at sætte sig sammen omkring udarbejdelsen et fælles charter, der griber om nældens rod (økonomi)? Betragtningen er, at et sådant charter kan vise sig at være nøglen til mere OPS med færre ideologiske gnidninger.

Et charter der giver mulighed for robuste, kvalitative og udviklingsorienterede leverandører, hvor der også er plads til afkast for investorerne.

I den sammenhæng er det værd at bemærke, at kommunerne bør inddrages i udviklingen af et sådant charter. Kommunerne er jo alt andet lige de største investorer i velfærdsorganisationer (deres egne enheder). Vi kan eksempelvis iagttage, at bo- og opholdssteder er et kæmpe marked med en meget stor kilde til indtægt og overskud for kommunerne, med basis i deres indbyrdes samhandel. Et marked hvor overhead på 5-7% ikke har været usædvanligt. Jf. rammeaftalerne. Hermed melder spørgsmålet sig om, hvad gør kommunerne med det overskud der opstår fordi de forventeligt har en stordriftseffekt? Og er det ikke rimeligt at de som investor har mulighed for at bruge et evt. overskud på andet end blød velfærd? – Den drøftelse bør på lige fod med profit for private indgå i udviklingen af et charter.

På folkemødet gav repræsentanter for bl.a. DI, LOS, FOA og Selveje Danmark håndslag på efterfølgende at mødes om et sådant charter. Dette er i sensommeren 2018 fortsat i proces.

4.4 Illusoriske forestillinger om velfærd og OPS

Begrebet illusion er i denne del af analysen anvendt bredt. Det vil sige her behandles de "findings" eller erkendelser fra OPS-Scenen, som illustrere det man kunne beskrive som illusoriske elementer.

Vi skal ud af illusionen og have en prioriteringsdebat om hvad det er for en velfærd vi kan få

OPS-scenen havde til formål at sætte fokus på offentlig-privat samarbejde i perspektiv af velfærd i udvikling. Det bevirkede, at man gang på gang drøftede forventningerne til de ydelser og den service du som borger kan have forventninger om at samfundets tre sektorer levere. Hvad enten det var sociale ydelser, veje, skoler, ghettoreducering eller hjemmepleje.

"Virkeligheden er, at vi tror på velfærdssamfundet som model, at den holder hånden under os i en livskrise, men det gør den ikke i det omfang vi forventer det og derfor er det en illusion." Påpegede forfatter til Velfærdsillusionen Nick Allentoft flere gange i debatterne[70]. Spørgsmålet er, om der kan være noget om snakken?

En tryllekunst er en illusion, hvor vi voksne fascineres af tryllekunstnerens evne til at skabe illusionen fordi vi ved at det en illusion. Børn derimod tror ofte på illusionen i et trylleri og bliver skuffede, når de opdager eller får afsløret hemmeligheden. I bankverden har man i mange år anvendt begrebet "bank run". Det vil sige, når kunderne (flere end forventet) samtidig hæver deres indestående. På et tidspunkt har banken ikke flere penge. En måde at undgå det på, er bl.a at opsætte restriktioner på, hvor meget hver enkelt kan hæve.

Når jeg lige kobler trylleri, bank run og illusion sammen, er det fordi, der i Danmark er en stigende efterspørgsel af velfærd man ikke kan få, men har forventninger om at få, i alt fald hvis man skal tro mediernes mange enkeltsager. Ministerierne har tøresnore for kommunerne med for mange fej på sociale afgørelser og kommunernes økonomi er så presset, at de skal skære i velfærdsydelserne, hvad enten det er på Frederiksberg eller i Udkantsdanmark[71] [72]. De ydelser vi alle illusorisk tror ligger i velfærdsbanken. Regeringerne har for at forebygge effekten af dette Bank run "tryllet" og gennemført reformer, hvad enten de handler om produktivitet, udligning og sammenhæng og alligevel har vi (borgerne) den oplevelse, at vi ikke altid kan få det vi forventer af det offentlige, når vi har brug for det.

---

[70] Velfærdsstaten smuldrer og det rammer os alle. af N Allentoft i Altinget April 2018
[71] Kommune i chok: Skal spare 460 millioner kroner – TV2øst Juni 2018
[72] Frederiksberg-politiker til københavnerne: Vi bør passe jeres børn TV2Lorry maj 2018

Spørgsmålet er, om vi som borger er blevet de børn man ikke nænner eller tør fortælle sandheden? Dette og mere til medvirker til at illustrere, at vi har behov for en skarp debat om og prioritering af, hvad det er for en velfærd vi kan få og i så fald, hvordan mere og bedre offentlig-privat samarbejde kan bidrage hertil.

Alle vil samarbejde og sammenhæng på tværs, men ikke uden deres egen model
Visionen om det danske velfærdssamfund blev skabt efter 2. Verdenskrig. Op gennem 60-erne og 70-erne udlevede det danske samfund virkeligheden med den offentlige sektor som lokomotiv, men allerede i begyndelsen af 80-erne begynder man at tale modernisering af den offentlige sektor og importere tankegods fra den private sektor som grundlag for moderniseringen. På folkemødet tilkendegav utallige deltagere i OPS-teltet, at vi nu er i en situation, hvor der skal arbejdes på tværs og hvor sektorerne skal berige hinanden. Det er desværre noget illusorisk, når man dykker ned i udtalelserne, for hvis man lytter mellem linjerne, kan man høre at DI har et særligt modelfokus, hvor bl.a. øget konkurrenceudsættelse er med til at skabe mere velfærd[73]. SelvejeDanmark går ind for en norsk kvotemodel[74] med at så og så mange % af Non-for-profit virksomheder skal dække dansk velfærd. Her kan man passende overveje betydningen af det som Professor Ole Bjerg påpegede i en af debatterne: *"Marked kommer ikke bare fordi man privatiserer el. konkurrenceudsætter."* (afsnit 3.16) På den anden side taler kommunalrepræsentanterne om nødvendigheden af at have en kommunal drift som forsyningssikkerhed, der også skal hænge sammen. Og midt i det hele står de faglige organisationer med FOA i spidsen og tilkendegiver en ideologisk holdning til, at al blød velfærd skal være offentlig, hvilket i sig selv er illusorisk og kolonialistisk, da al blød velfærd aldrig har været offentlig. Faktisk kunne man som flere deltager udtrykte det, *"løse nogle af udfordringerne ved, at man udskilte kommunernes drift af velfærd og herved gjorde kommunerne til super-indkøbscentre"*. Underforstået, på den måde reducerede man den kompleksitet

---

[73] Mere konkurrenceudsættelse vil gavne udvikling af velfærd. Indlæg på DI-Mener
[74] ..krav om 40 procent selvejende tilbud.. Indlæg på Selveje.dk i juni 2018

og de wicked problems kommunerne altid undskyldte sig med. Et løsningsforslag som må siges at være gennemgribende, men ikke helt skævt, da det potentielt kan fjerne nogle af de udfordringer, der er ved, at vi på de kommunale velfærdsmarkeder har en myndighed, der har fælles ledelse og bestyrelse med den kommunale servicevirksomhed.

Pointen er, at alle vil uanset løsningsmodel gerne samarbejde på tværs, men det skal hovedsageligt ske inden for deres egen optik og model og det er for mig at se illusorisk. Der findes talrige eksempler på dårlig drift af velfærd i alle tre sektorer og der er ingen egentlig evidens for at den ene sektors model er bedre end den andens.[75] [76]

Afstanden mellem aktørerne er så stor og forblændet af egen modellers fortræffelighed, til trods for at man på borgerplan kan se, at moderniseringen og reformerne siden 80-erne på mange måder blot har udskudt eller på wicked vis lagt op til de velfærdsudfordringer vi står med. Reguleringer og reformer i den form vi kender dem i dag er altså ikke løsningen, men der er behov for, at man sænker paraderne og ophører med at kæmpe i en normativ arena og går det skridt videre at understøtte udviklingen af en dansk model for OPS. Eksempelvis med udgangspunkt i et neutralt OPS-center. Således som det blev foreslået i afsnit 4.3.

Future of work scenarier er ikke skræmme scenarier, men et opmærksomhedspunkt

Der har de senere år været talt rigtig meget om disruption af vores samfund i form af ny teknologi og markedsmodeller. Men hvad sker der lige med OPS, hvis arbejdskraften, os mennesker ændrer adfærd fordi den teknologiske udvikling giver os nogle helt andre tilkoblingsmuligheder til arbejdsmarked?

---

[75] Styrelse finder massive fejl i kommunes hjemmepleje og uddeler påbud Indlæg TV2Lorry aug. 2018

[76] Minister om fej i hjemmeplejen. Der skal strammes op i kommunerne Indlæg DR Maj. 2018

På folkemødet mente nogle deltagere, at det kunne man bare tage højde for i kontrakten, hvor andre fandt det mere illusorisk, at "Den danske model" i sin nuværende model kunne overleve på fremtidens arbejdsmarked. Baggrunden var bl.a. accelerationen i samfundet og loyaliteten hos brugerne. For 10 år siden kunne vi iagttage, at et produkt eller en trend som regel var mange år undervejs inden det slog igennem og derfor fortsat havde mange år at påvirkede os i. Eksempelvis tog det fastnettelefonen 75 år at nå ud til 50 millioner mennesker, flyvemaskinen og bilen var godt 60 år om det samme. You Tube, Facebook og Twitter var hver kun mellem 2 til 4 år undervejs og det er ingenting ift. fx spillet Angry Birds, som var blot 35 dage om at nå 50 millioner mennesker[77]. Herefter nåede man med lysets hastighed 300 millioner brugere, hvorefter man på kun 2 år tabte 63 millioner[78].

Spørgsmålet er, hvad betyder denne hastighed og denne vulnerabilitet ift. adfærd og loyalitet for fremtidens arbejdskraft?

Under programpunktet Future of Work rundede man forskellige løsninger, for bedre og mere OPS, hvad enten de var regulerende eller modelorienterede. Hvad betyder det egentlig, hvis fremtidens medarbejder slet ikke passer ind i de løsninger der indarbejdes i kommende OPS-aftaler. Hvad sker der, hvis arbejdskraften bliver mere agil og forestillingen hos medarbejderne om arbejdsliv ændres fra 37 timer på fuld tid og i samme virksomhed i 7 år til et interrim og ad hoc præget arbejdsliv?

Måske bliver det slet ikke noget problem. En af antagelserne på folkemødet var, at vi tilpasser os langt mere agilt end vi antager, hvilket til dels matcher en undersøgelse fra Kraka[79]. Den viser, at borger på kanten af samfundet kan finde ind på arbejdsmarked via. vikarvirksomhederne. Forstået således, at vi allerede har nogle erfaringer fra vikarmarked om hvordan man kan håndtere eksempelvis en ad hoc tilkobling, som vi kan bringe ind i fremtiden. Det er dog ikke alle

---

[77] The Future Of Work Continues To Be Rewritten Forbes, Hessie Jones Juli 2018
[78] Frit fald: Angry Birds har tabt 63 millioner spillere på to år – Telmore 2014
[79] Vikarbeskæftigelse gavner på mikro- såvel som makroniveau. Analyse lave på opfordring af KRAKA på opfordring af DK.

aktører der deler denne ro. Formanden for FTF Bente Sorgenfrey advarede imod risikoen for, at nye og mere agile tilslutningsformer kan medvirke til opbygningen af en ny form for proletariat af løsarbejdere.

Også i denne sammenhæng viste debatterne på OPS-Scenen nødvendigheden af at parterne på OPS-marked får gjort mere end udvekslet synspunkter på nogle sommerdage. De bør sådan set trække i arbejdstøjet og få lavet løsninger sammen, hvad enten det er en genopfindelse af den danske model eller at gå helt nye veje. Bekymringen kan være, at medens parterne hænger fast i en normkrig af fortidige antagelser om loyalitet og adfærd hos arbejdskraften, bliver nok så fine aftaler om OPS disruptede indefra af brugernes (arbejdskraftens) flygtige loyalitet.

Konklusion

5. Konklusion

5.1 Opsummering på projektet

Folkemødet er en unik mulighed for at borgere, virksomheder, organisationer og politikere kan mødes på nye vilkår. Det har derfor fra starten været vigtigt for partnerne og projektledelsen, at vi skulle udnytte Folkemødets særlige potentiale, hvor scenens opsætning ikke er forudsigelig og en kopi af politik og budskaber, som det foregår til hverdag på borgen, i kommunalbestyrelsen og andre etablerede arenaer.

Det virksomhedsrettede formål med at etablere en OPS-scene var, at partnerne ville tage fra Folkemødet med nogle fremadrettede perspektiver, der holdt længere end lyden af champagnepropperne fra i forvejen kendte skåltaler.

Evalueringen af projektet og partnernes refleksioner (se bl.a. 3.18) viser, at parterne hver på deres måde opnåede dette mål i forhold til egen virksomhed. Når det er sagt, så er der er ingen tvivl om at et projekt, hvor konceptet OPS-Scenen udvikles inden for nogle meget overordnede guidelines, har plads til justeringer på bl.a. pris og proces, men det individuelle formålsmæssige outcome for partnerne blev opnået.

En af udfordringerne, men samtidig det der gør at man med OPS-scenens program kan sige, at man kom rundt i alle hjørner af OPS-feltet, er diversiteten i partnerkredsen. Ni meget forskellige virksomheder med hver deres virksomhedsrettede agendaer og til tider meget forskellige forståelse af begreber som eksempelvis velfærdsmarked og OPS. Det giver muligheder og inspiration, men også udfordringer i den interne debat. Eksempelvis når drøftelsen af velfærdsmarkedets karakteristika og modenhed er på dagsorden, og det bliver tydeligt, at vi ikke har kun et velfærdsmarked på et stadie, men rigtig mange på varierende stadier (se i øvrigt bilag 1) præget af individuel historik og brancheforankring.

5.2 Opsummering på analysen

Generelt tegner der sig en lang række temaer eller erkendelser i forbindelse med dataindsamlingen og analysen. Langt flere end der ligesom kan opsummeres her. Virkeligheden er, at Folkemødet er en unik arena for erkendelser, temaer og mulige indsatser i forhold til OPS.

Overordnet set tegner der sig fem store udfordringer på OPS-området. Det handler om:
1. *Fravær af fælles sprog om OPS*
2. *Manglende markedsmodningsbevidsthed fra politisk og myndighedsmæssigt hold*
3. *Fravær af fælles erkendelse af markedsvilkår og god markedsskik*
4. *Lokalpolitisk sammenblanding af drift, myndighed og indkøb*
5. *Viden om OPS er spredt, uopdateret og svær tilgængelig*

På de efterfølgende sider foretages en opsummerende konklusion på dataindsamling og analysen. På den basis har jeg uddraget 13 temaer som kan udvikle velfærd med mere OPS.
De 13 temaer er som sagt ikke de eneste der var i spil, men de er valgt ud fra dels deres hyppige forekomst i debatterne, dels det analytiske grundlag i kapitel 4.

De 13 temaer er fordelt i to kategorier; 1) samfundsmål for OPS, 2) konkrete indsatser ifm. OPS

Samfundsmål skal her forstås som mål der ikke umiddelbart kan håndteres/iværksættes af én aktør eller én sektor alene, men mål der kræver en fælles indsats med en kraftig initiering fra centralpolitisk hold.
Konkrete indsatser giver næsten sig selv, men for god ordens skyld skal det fremhæves, at indsatser her forstås som noget en gruppe af aktører, optimalt på tværs af sektorer med dedikeret indsats, vil kunne iværksætte.

Nedenfor er kort oplistet de 13 temaer

Samfundsmål	Konkrete indsatser
1. Fælles sprog om OPS	7. Oprettelse af et neutralt OPS-Center
2. Øget markedsmodningsbevidsthed	8. Oprettelse af en B2G og G2B skole
3. Reducere nulfejlskulturen	9. Kortlægning af pipeline for nationale OPP-projekter
4. Reducere "wicked problems" i lov og organisationsapparatet.	10. Oprettelse af OPS-inkubator for samfundsrettede projekter
5. Interesseorganisationer m.fl. sænker de ideologiske parader og arbejder fremad om velfærd med OPS	11. Udvikling og implementering af standarder for udbud
6. Prioriterings- og forventningsdebat mellem borger og stat om velfærd.	12. Redesign af kommunale driftsvirksomheder
	13. Udvikling af et charter for god virksomhedsdrift af velfærd

Vi har behov for et fælles sprog om OPS

Ser vi henover debatterne og de tilkendegivelser der også kommer fra OPS-aktørerne i diverse medier, så kan man konstatere at alle på det overordnede niveau ønsker at samarbejde og forstå de andre.

På tværs af brancher synes der dog at være en sprog- og begrebskamp som præger OPS-feltet. Der er manglende konsensus og enighed om hvad OPS er, hvilket som et andet Babylon medvirker til forvirring og misforståelser frem for klarhed.

Man kan konstatere, at selvom aktørerne sektoruafhængigt tilkendegiver nødvendigheden af et "fælles sprog", så indeholder erkendelsen det paradoks, at den fælles forståelse og reduktionen af forståelseskløften sker bedst hvis man anvender sin egen model af verden. På mange måder befinder velfærdsmarkederne sig i en normativ kamp, som er fastlåst og på den led vanskeliggøres frigivelsen af de potentialer, der kan være ved mere OPS.

Der er helt klart et tydeligt behov for at parterne kommer i skole og ikke nøjes med at se over på den anden side, men rent faktisk gør en indsats for at forstå de andre, hvis man skal løfte OPS-feltet ind i en ny æra.

Vi har behov for et mere professionaliseret G2B og B2G syn

I offentligt perspektiv skal fremtidens OPS karakteriseres af mere end indkøb og avancerede udbudsmodeller, samt en mindre magtfuldkommen tilgang. Der er behov for, at man tager medansvar for markedernes udvikling og opbygger et mere nuanceret professionaliseret G2B-syn. Man skal bl.a. ud af den vildfarelse eller illusion, at private leverandører af velfærd har aflæst og forstået den offentlige kompleksitet, blot fordi de har afgivet et godt tilbud.

Man skal så at sige være sit markedsmodningsansvar mere bevidst. Det nytter ikke at man tror, at marked blot opstår fordi man konkurrenceudsætter. Leverandørerne skal kunne se et perspektiv og potentiale ved at gå ind i marked. Her kan et af håndtagene eksempelvis være en beskrivelse af pipelines for eksempelvis OPP-projekter, der er igangværende, påtænkte og mere visionsprægede.

I privat og civilsamfundsmæssigt perspektiv skal OPS præges af mere end salg af ydelser og produkter, der ikke er efterspurgt, samt fortræffeligheden ved eget perspektiv og meninger om hvordan opgaver kunne løses bedre inde i det offentlige. Der er behov for, at man erkender at velfærdsmarkeder aldrig bliver som B2B markeder, men er komplekse og "wicked" i deres udfordringer og præcis derfor har man behov for at opbygge et professionaliseret B2G syn.

Vi har behov for opgør med nulfejlskulturen som reducerer innovationen

Det nødvendige bureaukrati og kompleksiteten på velfærdsmarkederne med baggrund i at de er tæt forbundet til det offentlige, blev vendt og drejet på OPS-scenen. Virkeligheden er, at markederne indeholder snubletråde for særligt små og innovative virksomheder, som ikke har tilstrækkelig med djøficeret kapacitet til at håndtere det offentliges krav. Det reducere ikke blot innovationsmulighederne for de små, men også for samfundet.

108

Nulfejlskulturen er cementeret i det offentlige, særligt igennem de sidste års mediefokus på konkurser og enkeltsager. Risikovilligheden hos embedsværket og politikerne er ganske enkelt ikke på et niveau, hvor det gavner innovationen i OPS. Fremtidens udbud laves, som en deltager udtrykte det, med fortidens metoder. Slet og ret fordi det er mere sikkert.

Reformer skal have fokus på at reducere wicked problems
Stabilitet i reguleringerne er heller ikke noget som præger OPS-feltet. Reformtempoet har på ingen måde gjort det let at overskue lovgivningen, og på visse områder er man i den situation, at kontraktindhold i løbet af udbudsperioden forældes pga den meget agile lovgivning.
Hertil kommer, at vi har nogle paradoksale udfordringer som bl.a. acceleres af kommunernes organisatorisk skabte wicked problems, hvor justeringen af en regel skaber en udfordring et andet sted. Situationen er fx den, at private it-leverandører kan levere langt mere og smartere løsninger end der bliver efterspurgt, samtidig med, at der i det offentlige er et tydeligt behov for smartere teknologi. Eksempelvis ift. samkøring af data på tværs af forvaltningsskel mhp bedst mulig service og samfundsøkonomi, men dette er ikke muligt fordi man ikke kan/vil/må sammenkøre vitale oplysninger på borgeren pga. en serie af reguleringsmæssige snubletråde, der kan have barokke effekter. Konkret at borgere med komplekse udfordringer er tvunget til at være deres egen case manager på tværs af kommunale forvaltningsskel. I den sammenhæng kan man blot håbe på, at de har ressourcer til at finde rundt.

Vi har behov for en reel prioriteringsdebat om fremtidens velfærd
Programpunkterne på OPS-scenen blev udviklet under hovedtemaet "velfærd i udvikling", og det leder naturligt til en drøftelse om borgernes forventninger til den velfærdsservice vi kan få. Her oplevere borgere oftere og oftere, at deres forventninger ikke imødekommes af velfærdssamfundet
En af de mere bemærkelsesværdige erkendelser på OPS-scenen var ikke, at forskellige interessenter gerne ville fortælle, hvad man burde gøre og i hvilket

opfang OPS kunne medvirke til udvikling af velfærd. Nej, Det slående var fravær af en reel prioriteringsdebat. Dette og mere til medvirker til at illustrere, at vi har behov for en skarp debat om og prioritering af, hvad det er for en velfærd vi kan få, og i så fald hvordan et bedre offentlig-privat samarbejde kan bidrage hertil.

Vi har behov for et neutralt OPS-Center

På OPS-feltet har vi den udfordring, at viden om OPS er spredt mellem alle mulige aktører med forskellige agendaer og organisatoriske ophæng. Viden er så at sige fordelt mellem folk i staten, regioner, kommuner, blandt forskere og konsulenter og sidst, men ikke mindst virksomhederne.

I og med at ingen har det fulde overblik over viden om OPS blev det meget tydeligt på folkemødet, hvor stort et behov vi har for et neutralt OPS-center, der bl.a. kan samle og formidle viden, samt skabe arbejdsgrundlag for konkrete OPS-rettede projekter og tiltag.

Det kunne dreje sig om nedenstående tiltag (foreslået under folkemødet):

- **Etablering og udvikling af en professionaliseret G2B og B2G uddannelse**
- **Analyse og oplæg til løsninger af centrale wicked problems** i velfærdssamfundet. Der er jo ingen garanti for at alt bliver godt, hvis man eksempelvis udskiller al drift fra kommunerne
- **Koordinere og facilitere tværgående indsatser**. Eksempelvis mhp at skabe en infrastrukturplan/pipeline for OPP-projekter
- **Oprette og drive en OPS-inkubator** for ildsjælsprojekter
- **Udarbejdelse af forslag til fælles standarder**, fx ift. konkurrenceudsættelse og udbud

OPS-centeret bør umiddelbart forankres i Civilsamfundet, som en ideologisk neutral enhed.

Vi har behov for kommunal redesign: Løslad de kommunale driftsvirksomheder

Med udgangspunkt i at kommuner er komplekse størrelser, der indeholder en bermudatrekant af wicked problems, som reducerer eller står i vejen for mere og bedre OPS, blev det flere gange foreslået, at man tænker i redesign af den kommunale opgaveportefølje. Når vi taler om kommunale kerneopgaver (ydelser) tænker de fleste på børnehaver, ældrepleje, skoler m.m. De færreste er opmærksomme på, at kommunerne groft sagt har tre typer af kerneopgaver.

1. Forvaltning og administration
2. Tildeling af ydelser (herunder indkøb)
3. Egen leverance af ydelser

Løsningen er ikke nødvendigvis en ny central opfundet kommunalreform, men lokale risikovillige, motiverede og fagligt og ledelsesmæssigt initierede redesign-processer. En af løsningsmodellerne, som blev foreslået på folkemødet var, at man udskilte kommunernes egen leverance af ydelser. På den led ville kommunale virksomheder så at sige blive løsladt fra nogle lænker, hvor man mange steder organisatorisk, budgetmæssigt og politisk har bundet disse virksomheder ind, så både de og det lokale marked har svære vilkår for at udvikle sig.

Ideen er så at sige et renere snit, hvor kommunal drift i selvejende, eller selskabsform på tværs af kommuner levere velfærdsserviceses i konkurrence med private virksomheder. Denne løsning vil potentielt skabe rum for mere selvstændig strategisk virksomhedsdrift og mindre overstyring på detaljeniveau fra politisk og myndighedsmæssig side.

Vi bør have et charter for god virksomhedsdrift ift. velfærd, så døren til den ideologiske kampplads kan lukkes

Ethvert samarbejde har en dør, som du skal ind ad som samarbejdspartner. Til de fleste døre findes der en eller flere nøgler. På folkemødet blev det meget tydeligt at en af de centrale nøgler for mere OPS er økonomi. Særligt hvordan ejerne, hvad enten de er offentlige, private eller forankrede i civilsamfundssektoren, forvalter den økonomi de kommer i besiddelse af ved leverance af velfærdsservices. Umiddelbart skulle man tro, at vandene her skiltes mellem på den ene side de faglige organisationer og på den anden side arbejdsgiverne, men sådan er det ikke. Meningerne spænder bredt og indeholder flere paradokser som fx at FOA "ikke er på nakken af Selveje" (se afsnit 3.16) skønt det er dokumenteret, at virksomheder i civilsamfundet benytter sig af gratis arbejdskraft, (læs frivillige). Grundlæggende er det dog meget tydeligt, at der er behov for, at man i fællesskab på tværs af den danske models parter får udarbejdet et charter eller tilsvarende for god virksomhedsdrift. Herunder hvad så vel kommunale som private og civilsamfundsmæssige virksomheder må trække ud af deres overheadindtægter. Det er meget tydeligt, at hvis man kan aftale at sænke de ideologiske parader, så vil man lettere kunne gå ind i et fælles værksted og få udarbejdet et charter, som nøgle til mere OPS. Desværre opleves situationen låst fast ikke mindst pga den retorik, der henover sommeren har været i medierne.

Future of work scenarier er noget vi ikke skal underkende.
Hvad sker der hvis arbejdskraften bliver mere agil? En af de debatemner som bevægede sig igennem folkemødet som et lille drillende spøgelse ved flere af debatterne er temaet om mennesker og teknologi, herunder særligt hvordan vi bruger den. Det blev naturligvis drøftet, men hovedsageligt i indkøbs og forbrugs termer.

Udfordringen ift. hvordan den teknologisk eksplosion påvirker vores adfærd som brugere, ansatte og ledere (mennesker), og evnen til at forholde sig til mulige forandringerne ude i horisonten, var tilsyneladende vanskelig. Den virkelighed, at der er tegn på, at fremtidens arbejdskraft af- og tilkobler sig arbejdsmarked mere uforudsigeligt og dermed påvirker virksomhedernes performance i OPS-feltet, blev enten taget med let hånd eller set på med bekymring i perspektiv af fortidens løsarbejder problemstillinger. Udfordringen kan her være, at parterne hænger fast i en normkrig af fortidige antagelser om loyalitet og adfærd hos arbejdskraften. Det øger risikoen for at fremtidens OPS-aftaler ift. arbejdskraftselementet disruptes af brugernes (arbejdskraftens) flygtige loyalitet fordi man lider af den illusion, at det er et problem vi stille og roligt kan håndtere i processen.

Partnerne bag OPS-Scenen

6. Partnerne: OPS-Scenen 2018

I det følgende afsnit kan du hvem der deltog som partnerne på OPS-Scenen 2018.

Beskrivelserne af partnerne er ikke et udtryk for at de indholdsmæssigt eller redaktionelt står bag de første fem afsnit af denne bog. Beskrivelserne er alene information til læseren om hvem der deltog i partnerskabet bag OPS-Scenen 2018.

CBS Public-Private

Om CBS Public-Private

CBS Public-Private er forskningsinitiativ på tværs af forskningsområder og traditionelle faggrænser på Copenhagen Business School. Målet er at skabe og samle viden og forskning om lovgivning, økonomi, politik og organisation inden for offentligt og privat samarbejde.

CBS Public-Private og OPS 2018

Internationalt bliver Danmark ofte set som et laboratorium for udvikling af offentlige-private samarbejder og partnerskaber. Der eksperimenteres med 'hybridagenturer' i både offentligt og privat regi, der har til formål at afprøve koncepter og skabe nye løsninger.

I CBS Public-Private arbejder vi forskningsmæssigt med at identificere områdets typiske udfordringer, mulige løsninger og samfundsmæssige konsekvenser. I et tværfagligt forskningsmiljø indsamler vi erfaringer, skaber viden og videregiver den nyeste forskning på området gennem konferencer, seminarer og workshops med både offentlige og private aktører.

Ved CBS Public-Private deltagelse i OPS-Scenen på Folkemødet 2018 havde vi adgang til en række nye partnere og aktører på området og dermed til en aktuel og direkte dialog. Gennem deltagelse i debatter på FM18 og på OPS-Scenen bidrog CBS Public-Private med et forskningsmæssigt perspektiv og overblik over området. Netop overblik, nationalt som internationalt, var en af forskernes anbefalinger: med områdets mange aktører og mangeartede karakter, med dets udfordringer og potentialer er der behov for en koordineret vidensopsamling om offentlige-private samarbejder og partnerskaber.

CBS Public-Private på Folkemødet 2018:

Professor: Carsten Greve
Mail: cg.ioa@cbs.dk

Professor: Christina D. Tvarnø
Mail: cdt.jur@cbs.dk

Projektleder: Charlotte Hansen
Mail: ch.msc@cbs.dk

Projektleder: Jesper Bjørn
Mail: jbj.msc@cbs.dk

CBS Public-Privat
På OPS-Scenen

Vi deltog i følgende punkter:

- Er der en ny åbning for OPP-markedet i Danmark?

- MeToo er mere end et # det er dit psykiske arbejdsmiljø

- Hvor meget må man tjene på velfærd?

- Når der går DJØF i velfærdsudbud

De Fire Vinde ApS

Om De Fire Vinde

De Fire Vinde ApS en konsulentvirksomhed, hvor ejeren Steen Houmark i de sidste 10 år har bidraget med

1. Strategiske analyser og rådgivning
2. Udvikling/implementering af forretningslogik hos SMV-er
3. Kvalitets- og forbedringsforløb (projektledelse)
4. Interim-ledelse m fokus på den gode turn around
5. Rådgivning i hele OPS-feltet

Steen Houmark har arbejdet på alle niveauer i alle tre sektorer. (Den offentlige, Den private og Civilsamfundet) Han har 15 års erfaring som Forvaltningschef på alle velfærdsområderne og 25 års erfaring i flere af civilsamfundets virksomheder som frivillig, direktør og bestyrelsesformand.

De Fire Vinde og OPS

Steen Houmark er pioner på konkurrenceudsættelse af velfærd. Fra 1997 - 2012 var Steen involveret i op mod 70 % af alle kommunale velfærdsudbud.

I 2003 var Steen Houmark medstifter af BU-forum et videns-netværk for bestillere og udfører i kølvandet på lov om frit valg på ældreområdet (nedlagt v. kommunalreformen)
I 2009 var Steen Houmark medstifter af FOPS. En forening med sekretariat hos kammeradvokaten og vidensfokus på offentlig privat samarbejde, der indstiftede prisen "Danmarks bedste udbud" (nedlagt 2016)

Steen Houmark blogger om velfærd og OPS på www.denoffentlige og er forfatter til "Den Kommunale Bermudatrekant" der udkom i 2017.

De Fire Vindes på Folkemødet 2018

Steen Houmark var projektleder på OPS-Scenen

DLA Piper Denmark

Om DLA Piper Denmark

DLA Piper er et globalt advokatfirma med
kontorer i mere end 40 lande rundt om i
verden. På globalt plan er DLA Piper med 4500
jurister fordelt på mere end 40 lande en af
verdens tre største advokatvirksomheder

Vores danske afdelinger er placeret centralt i København og Århus.

DLA Piper Denmark har 29. august 2018 integreret Delacour
Advokatpartnerselskab i virksomheden, hvormed DLA Piper Denmark er blevet
blandt Danmarks største full service-kontorer.

DLA-Piper og OPS

DLA Piper rådgiver både offentlige ordregivere og globale tilbudsgivere om alle
aspekter inden for offentlige-private samarbejder, herunder udbud og
kontraktindgåelse. Vores brede erfaring fra "begge sider af bordet", og vores
forståelse for de særlige hensyn, som et godt og bæredygtigt samarbejde mellem
to forskellige typer af aktører kræver, har gjort os til foretrukken rådgiver på
området.

Vores kompetencer fordeler sig blandt alle de forskellige samarbejdsformer, fx
OPP/OPS/OPI og ESCO samt senest også Strategiske Partnerskaber, hvor vi har
markeret os som den absolut førende rådgiver ved tilblivelsen af de partnerskaber,
som indtil videre er sat i søen.

Vi har desuden været rådgivere for enten den offentlige part eller den private part i
stort set alle de ca. 35 OPP-projekter, der har været udbudt i Danmark.
Endelig bistod DLA-Piper ved gennemførelsen af ét af de ganske få
innovationsprojekter, som blev gennemført efter forudgående udbud efter de indtil
1. januar 2016 gældende udbudsregler.

DLA-Pipers hold på Folkemødet bestod af:

Partner: Kurt Bardeleben
kurt.bardeleben@dlapiper.com

Partner: Lene Lange
Lene.Lange@dlapiper.com

Partner: Rene Offersen

Partner: Veronica Wolthers
veronica.petersen@dlapiper.co

DLA-PIPER
PÅ OPS-SCENEN

Vi deltog i følgende punkter:

- Er innovations-partnerskaber
  det nye sort?

- Kan offentlige og kommercielle
  interesser forenes i OPS?

- Hvor meget må man tjene på
  velfærd?

- Når der går DJØF i
  velfærdsudbud

OPS-scenen gav os de kontakter og resultater vi gik efter

EG A/S

Om EG A/S

EG er en skandinavisk teknologipartner med mere end 1.800
medarbejdere fordelt på 28 lokationer i Skandinavien og Polen.
Vi leverer digitaliseringsløsninger til mere end 12.500 offentlige
og kommercielle kunder.

Let's go further

EG og OPS

Den offentlige sektor er lige nu under massiv forandring – en forandring, der
sandsynligvis er endnu mere kompleks end i den private sektor, da den offentlige
sektor skal få lovkrav og kravoverholdelse til at gå op med ufravigelige
kravspecifikationer i en verden med stadigt flere ældre, hvor borgernes
forventning til service vokser, uden at der nødvendigvis tilføres flere ressourcer.
EG's team af erfarne eksperter inden for den offentlige sektor arbejder tæt
sammen med ledelsen i både regioner og kommuner, hvor vi bruger vores indsigt
og branchekendskab i arbejdet med at udvikle og implementere brugervenlige
løsninger til gavn for alle borgere.

EG arbejder målbevidst for at skabe et bedre samfund, hvor borgerne er i stand til
selv at gøre mere fra deres eget hjem. Derfor vil EG fortsat udvikle innovative
løsninger til dette vigtige område.

EG's mål er, i tæt samarbejde med ledelsen i den offentlige sektor, at være den
partner, der bedst forstår borgernes behov, især hvordan teknologi kan spille en
vigtig rolle i at øge livskvaliteten for alle borgere.

EGs hold på Folkemødet bestod af:

CEO:
Mikkel Bardram
Mail: mibar@eg.dk

Divisionsdirektør:
Johnny Iversen
Mail: Joika@eg.dk

EG A/S

Vi deltog i følgende punkter:

- Velfærd reddes af robotter
  og algoritmer – ikke flere
  penge
- Hvor meget må man tjene
  på velfærd?

OPS-Scenen satte perspektiv på, hvor meget samarbejde,
der rent faktisk er, og hvor stort potentialet er.

HARTMANNS:

Om Hartmanns A/S

Hartmanns er uden for kategori – men fremtidens svar på det agile jobmarked

Vi specialiserer os i flere kompetencer end kategorien normalt tilsiger. Det gør vi, fordi det giver perspektiv. I det moderne jobmarked, giver det ikke mening at tale ansættelse uden at tale fastholdelse og udvikling. Når vi taler opsigelser, må vi inkludere perspektivet for tiltrækning og employer branding. Og når vi taler arbejdskraft, må vi tale om både fast og fleksibel bemanding.

Vi bygger bro

Vi bygger bro mellem organisationer og kandidater, hvor målet er at skabe flere vindere i arbejdsmarkedet. Vi bygger relationer i organisationer, hvor målet er at skabe trivsel, udvikling og produktivitet. Vi bygger veje ind i fremtidens arbejdsmarked med ønsket om, at vores samarbejdspartnere går kompetente ind fremtidens transformationer.

OPS og Hartmanns

Vores styrke er vores stærke tilknytning til arbejdsmarkedet, som vi har opnået gennem mange års arbejde med alle dele af arbejdsmarkedet. Det giver os ikke blot en dyb indsigt i jobmarkedet og en lang række virksomhedsnetværk, som ofte resulterer i konkrete job- og praktikåbninger.

Hartmanns er blandt de største og mest fleksible udbydere af rådgivningsforløb for ledige. Når vi møder de ledige kandidater, er det med mennesket, fagligheden og den positive psykologi i centrum.

TEAM-Hartmanns på Folkemødet 2018

Adm. Direktør
Anne-Mette Ravn

Chefpsykolog
Louise Dinesen

Projektleder FM18
Hanne Nyström

Hartmanns på OPS-scenen

> MeTOO i samarbejde med CBS
> Future of work

Vi glæder os over de mange gode og vigtige relationer vi fik på OPS-scenen.

Lindskov Communications

Om Lindskov Communications

Lindskov arbejder med kommunikation, der flytter holdninger, opfattelser og omsætning.

Hvis kunderne ikke kender dig, kan de ikke handle med dig. Og hvis jeres organisation ikke er synlig over for de politiske beslutningstagere, kan jeres rammevilkår blive ændret, uden I opdager det.

Lindskov Communications og OPS

Hos Lindskov har man årelang erfaring fra krydsfeltet mellem offentlig sektor, privat sektor, organisationer og medier – og ved, hvordan man med fordel kan koble eller dekoble relevante parter og nøglepersoner i et forløb.

Se i øvrigt www.lindskov.com

Lindskovs hold på Folkemødet bestod bl.a. af:

Direktør, Lars Lindskov

Bureaudirektør, Catrine Eisenriech

123

Mariehjemmene

Om Mariehjemmene
Mariehjemmene er en privat, uafhængig nonprofitorganisation, som på et humanitært grundlag samarbejder med regioner og kommuner om at tilbyde plejehjem til ældre og botilbud til mennesker med særlige behov.

Mariehjemmene blev stiftet i 1958 - og vi har således 60 års erfaring med etablering, udvikling og drift af boliger. I dag er Mariehjemmene paraplyorganisation for 19 selvejende Mariehjem over hele landet.

Mariehjemmene og OPS
Mariehjemmene har flere årtiers erfaring med konkret, praktisk samarbejde med både offentlige myndigheder og private leverandører.
Vi ville på Folkemødet gerne slå et slag for 'Velfærdens 3. vej', som vi kalder det. Altså at der er et privat nonprofit alternativ til både de offentligt-kommunale og de private kommercielle aktører. Vi mener nemlig, at det er til gavn for borgerne og for samfundet. Vi mener faktisk, at der skal være mange flere af vores slags i Danmark.
Vi mener, at der er mindst to potentialer ved øget offentligt-privat samarbejde (OPS) med Mariehjemmene: Dels kommer vi med et kæmpestort antal engagerede ildsjæle, der kan bidrage til lokalsamfundet og de borgere, som kommunen skal give et godt liv. For det andet kan vi tilføre velfærdsområdet privat kapital, som kommunerne ikke selv er i stand til at tilvejebringe på grund af politisk uenighed eller manglende økonomi.
Vores største udfordring i OPS-sammenhæng er at overbevise kommunerne om, at vi ikke er en konkurrent, men en samarbejdspartner. En anden udfordring, som

vi ser meget i øjeblikket, er faktisk mangel på kapital. At få tilført kapital til den private nonprofit-sektor betyder, at vi kan bygge de plejehjem og botilbud, vi mangler lige nu til nogle af de udsatte grupper.

Mariehjemmenes hold på Folkemødet bestod af:

Direktør: Bo Kristiansen
Mail: bk@mariehjem.dk

Konsulent: Hans Andersen
Mail: hma@mariehjem.dk

Konsulent:Karin Aasbjerg
Mail: kma@mariehjem.dk

Konsulent: Dorthe Perlt
Mail: dop@mariehjem.dk

MARIEHJEMMENE
PÅ OPS-SCENEN

Vi deltog i følgende punkter:

- Velfærdens 3. vej – civilsamfundet løfter velfærd

- Hvor meget må man tjene på velfærd?

- Velfærd reddes af robotter og algoritmer – ikke flere penge

OPS-scenen gav os nye kontakter og 'mere kant'

Mediehuset Den Offentlige

Om MDO

Mediehuset Den Offentlige (MDO) er et mediefællesskab for aktører med interesse i samfundsudviklingen, herunder velfærdsmodellens fremtid. Der er aktuelt over aktive 50 deltagere på platformen og flere kommer hele tiden til.

DenOffentlige udgiver et dagligt nyhedsbrev og har 100.000 månedlige læsere.

Mediet læses, følges og bruges bl.a. af offentlige beslutningstagere og forskere, der i en travl hverdag har fokus på mange bundlinjer, hvor detaljer og nuancer let går tabt i andre medier.

DenOffentlige har fokus på det væsentlige, men lægger samtidig vægt på, at indhold er læsevenligt, grundigt og tankevækkende.

Mediet er stiftet af journalist Nick Allentoft.

MDO og OPS

MDO er sammen med Steen Houmark initiativtager til Danmarks første debatscene om OPS på Folkemødet 2018

MDO`s hold på Folkemødet bestod bl.a. af:

Chefredaktør Nick Allentoft

Redaktør Freja Eriksen

MDO

Vi deltog i følgende punkter:

- Private initiativers skyggesider
- Velfærdsillusionen og det kreative samfund

Herudover deltog: Assistent Simon Bûlow og praktikant Marie Lundby

Mød os på www.denoffentlige.dk

SAS Institute A/S

Om SAS Institute

SAS Institute byder på en række løsninger til bl.a. business intelligence, customer relationship management, data mining, tekst mining, risk management og analytics.

SAS Institute har fokus på digitalisering og avancereret dataanalysering af den offentlige sektor. Udgangspunktet er at den intelligente velfærdsstat har behov for avancerede analyser mhp at udvikle nye metoder der kan besvare nye udfordrende spørgsmål

SAS Institute og OPS

I korte termer beskæftiger SAS-Institute sig med

*   Digitalisering af den offentlige sektor
*   Innovativ styrkelse af den offentlige sektor
*   Effektivisering af den offentlige sektor
*   Risikobaseret monitorering og kontrol af den offentlige sektor

SAS-Institutes hold på Folkemødet bestod bl.a. af.:

Nordic Director of Business Development - Public Sector Lars Kirdan

Se i øvrigt hjemmeside

Det emergente marked

- Plukvis konkurrenceudsættelse
- Underleverance til offentlige flaskehalse
- Interesseorganisationer reagere på monopolbrud

Showstopper/ risiko:

- Lovindgreb

Monopolbrud

Offentlig leverandør i konkurrence med privat

Underskov af nye leverandører spirer frem

Eksempler:

Plukvis udlicitering af ældreområdet i bl.a Farum, Frederiksberg, og Græsted-Gilleleje i 90-erne

Model: frit efter Andrew j. Hoffmann

Det regulative marked

- Hvidbogsundersøgelser
- Interesse organisationerne "sælger" deres model på Borgen
- Centralmagten byder ind med ny lovgivning
- Vejledninger og afgørelser
- Vækst af private virksomheder

Showstopper/ risiko:

- Digifisering
- Detaljelovgivning

Det offentlige
Som myndighed og køber

Leverandører
i reguleret
konkurrence

Interesse org.
DI,KL,DSR
FOA, LO5

Eksempler:

DSR sagsøger Græsted-Gilleleje da Hjemmesygepleje udliciteres
Lov om frit valg af hjemmepleje 2003
Behandlingsgaranti i O-erne medføre vækst blandt privathospitaler
Lov om socialtilsyn indføre 2012
Lov om frit valg justeres 2013

Det normative marked

- Erfaringer m vækst, markeds-stabilisering (konkurser)
- Spredt viden om marked
- Interesseorganisationerne interagere og sætter pres på hinandens model
- Debat/krav om standardiserede normer fra alle aktører
- Sprog og begrebskamp

Risiko:

- Innovation og teknologi på marked accelerere hurtigere end indkøbers kapacitet   Krav til professionaliseret

Myndigheds
Krav til professionaliseret
OPS

Leverandør
kamp
Og
nye metoder

Interesse org.
Øger normkrav

Eksempler:

SelvejeDanmark etableres 2012
Konkursbølge fra 2013 og frem giver debat anført i medierne af FOA
DI får bistandskammeradvokat mhp at kræve bankgaranti i lov 2017 mhp konkurs forebyggelse
Debat om profit og penge på socialområdet 2018
Debat om certificering af velfærd

Det Institutionelle marked

- Reguleringerne er afprøvede
- Standarder og sprog er indarbejdede
- Indkøbsfunktionerne professionelle
- Leverandørerne er bl.a.:
  - Robuste
  - Agile og skalerbare
  - Dedikerede og specialiserede
  - Effektive og metodiske
- Der er en kendt "dansk model"

Risiko:

- Disruption udefra (fx nye markeder)
- Konsensus - magtfuldkommenhed

Myndigheds og
Indkøbsfunktion
Er G2B kompetent

Leverandør er
B2G kompetent

Interesse org.
Er vejledende
og forskningsdrevne

Eksempler:

Driftsoverenskomster på selvejeområdet var tidligere så indarbejde at der var behov for "kulturrevolution"
Byggeri af plejehjem, skoler er solidt afprøvede og rollerne B2G/G2B indarbejdede i et vist omfang
Infrastruktur som metro byggeri og IT systemer "virker" set ift blød velfærd

Modellen udfoldes nærmere i
Den Kommunale Bermudatrekat
af Steen Houmark